香坂 玲 編

地域のレジリアンス

大災害の記憶に学ぶ

清水弘文堂書房

編集協力　深澤雅子
装丁・DTP　中里修作

地域のレジリアンス

大災害の記憶に学ぶ

3・11、レジリアンス、日本

トーマス・エルムクヴィスト教授
ストックホルム・レジリアンス・センター／ストックホルム大学システム生態学部

まず東日本大震災で被災された方々に心よりお見舞い申し上げます。いまだ苦しみの中にある被災者の方々に、国際社会は深い思いを寄せております。同時に、大きな悲劇の中でも秩序を保ち、辛抱強く立ち向かう姿に敬意をもって注目しております。日本の地域社会にはレジリアンスがあるということが世界に示されたといえるでしょう。

ストックホルム・レジリアンス・センターでは、レジリアンスの生物や物理の側面に加え、社会的側面からも理解と分析を深めようとしています。そうした中で、震災後にどのように対応したかといった具体的な事例と学術的な考察を取り上げた本書は示唆に富み、注目に値します。

現在、私が編集作業を進めている報告書「都市と生物多様性地球規模概況」（*Cities and Biodiversity Outlook*）においても、世界各地の地域のコミュニティが地球温暖化、人口圧力、水などのインフラ不足など、さまざまな課題にどう対処、適応していくか、レジリアンスに関連する事例が寄せられ、国際的に高い関心を集めております。なお、「レジリアンスがあり、持続可能な未来について学び、教育するユニークな機会を、都市のランドスケープが提供している」ということが、この報告書の主要なメッセージの一つとなっています。その点においても、自然災害のリスクが高く、名だたる都市が数多く存在する日本は、とりわけ世界から注目が集まっています。世界的にも最大規模のメトロポリタンである東京、京都議定書あるいは文化面で知られる京都、阪神・淡路大震災から復興した神戸といった都市がすぐに思い浮かびます。また、自動車などの産業で知られる名古屋では、私自身も参加した生物多様性条約の第10回締約国会議（ＣＯＰ10）が二〇一〇年に開催され、愛知目標や名古屋議定書が採択されました。

　東日本大震災から一年経とうとしている二〇一二年二月末、東京の国連大学で、武内副学長や、本書の編者で友人でもある香坂玲氏などとともにレジリアンスについて考察を深める機会に恵まれました。世界の関心も高く、個人的にも縁が深い日本の都市や地域社会は、今回の悲劇から得た教訓を生かし、より一層しなやかに立ち直ると確信しております。

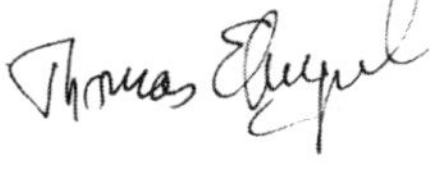

はじめに——災害の記憶について語ること

香坂 玲

忘れられない一年前の記憶。二〇一一年三月一一日午後二時四六分の瞬間に、自分が何をしていたのかを鮮明に覚えている方も多いのではないだろうか。多くの方々の命を奪い、大勢の行方不明者を出した大地震と大津波。一年経ったいまでも避難生活を余儀なくされ、不便を強いられている方々が多数存在する。あのときのことを思い出したくないという方もいらっしゃるだろう。

「3・11」以降、繰り返しテーマとなり、私たちに問われてきたのは、過去の地震や災害から先人たちが残した教訓を活かすことができたのかどうかということだった。本書は、地域住民、行政、企業、科学者が、どのように災害の記憶と向き合い、地域や集団が組織的にどこまで柔軟性を持って対応できたのか、今後はどのように改善していこうとしているのかに焦点を当てている。第一部を学術的な議論、第二部を実務家による手記という構成にしている。「3・11」が題材となっているが、執筆陣の多くが東海地域で活動していることから、今後の東南海・南海など地震発生が予想されている地域への示唆についても触れている。ただし、どのような教訓を得て、体制やプランづくりをしていけばいいのかというノウハウを提言するだけのものでもない。例えばボランティア活動で感じた疑問や矛盾、公助の限界、科学的な概念の限界といった消化不良となっている部分が呈示されている。

第一部は理論面において、災害とレジリアンスという概念を軸として多様なアプローチを紹介している。冒頭では、導入として自然資源の管理のパラダイムと専門家と住民参加の議論を香坂玲（編者）が紹介している。震災直後は「想定外」という言葉が行き交ったが、資源管理の歴史でも専門家が主導する計画が思うように進まず、座礁してしまう失敗事例から、住民参加や柔軟性を持たせた管理体制へと移行してきた歴史を概観する。

よりミクロなレベルでのレジリアンスの事例として、地域コミュニティのなかで揺らぐボランティアの秩序化と柔軟性というテーマの相克について、松田曜子氏（工学博士）が現場でのボランティア活動の体験を交えて議論している。ボランティア活動というと、柔軟で自由な発想に基づいて活動が展開されていると部外者は勝手に想定しがちだが、実際には秩序化や標準化とのバランスがあり、その自問と葛藤の中での活動となっている実情が吐露されている。レジリアンスの議論などでは、安易に「柔軟性こそが善」とされるが、現場では「秩序化のドライブと究極的には一人のために存在する『ボランティア』の間のせめぎ合い」があることを指摘している。

それぞれ地球システム科学と砂防学を専門とする半藤逸樹・窪田順平の両氏（総合地球環境学研究所）は、国際的な視座から最先端のレジリアンスの概念的議論を紹介し、砂防的な観点として現場を訪れた知見から今後の復興への大きな転換を提示している。具体的には、人間と自然系の関係を「持続可能な寄生から未来可能な相利共生へ」とパラダイムシフトするという根本的な転換を提唱している。

社会心理学の立場から災害や原発事故の風評被害を中心とした研究の第一人者である関谷直也氏は、事故をきっかけとして、食品や地名への風評被害が拡張していくプロセスを過去の事例を数多く交えて分析している。関谷氏は、「3・11」以降、迅速に現地でアンケート調査に参画した知見と、政府の原子力や防災に関わる委員会にも携わっている経験から、風評被害の実情やユニークな性質、そして今後の補償のあり方について、示唆に富む論を展開している。

第二部は、被災地にそれぞれ特定の任務を負って支援活動に従事した実務家を中心とする人びとが執筆を担当した。具体的には、宮城県の森林組合の職員として仮設住宅の建設のプロジェクトを遂行したスタッフ、名古屋市から陸前高田市へ緊急支援のため派遣された地方行政の職員、そして建設とガスの分野で名古屋を拠点とする企業とその協会から派遣されたインフラ復興部隊といった人びとのリアルな話が綴られている。

宮城県の登米町森林組合の竹中雅治氏からは、仮設住宅の建設を巡って、どのような資源を活用するのかという駆け引きのドラマがあったことが分かる。一刻も早く建設をしなければならない状況のなかで、それでも地域の自然と人的な資源を活用して、コストを抑えながら仮設住宅の建設に結びつけていくプロセスが描かれている。

名古屋市から陸前高田市に派遣された山田薫夫氏は、自治体の機能が奪われてしまった場で、全国の自治体から派遣された職員の一員として、文書交付の職務に携わった。派遣までの迅速な対応などに一定の評価はしつつも、実際の窓口での対応がベストであったのか、今でも自問が続く。また、「丸ごと支援」と銘打ったプロジェクトであったが、派遣されてすぐに現地や地域の状況が呑みこめたわけではなく、かなり試行錯誤があった。地方自治体同士の支援も、確立されたノウハウがあるわけではなく、個人と組織が学習しながらのプロセスであったことが読み取れる。

日本ガス協会の要請で石巻市に派遣された東邦ガスの職員の記録からも、同様の展開が読み取れる。ただ、意思決定の早さや輸送手段での建設業者との連携など、民間ならではのスピードや工夫があったこともうかがえる。ガスの復旧という共通の目的のために、異なる業態、異なる会社、そして異なる部門が連携をしながら、何とか間に合わせていく様子が克明に描かれている。

建設業の山田厚志氏からは、救急車などの数に限りがある「公助」の実態を踏まえ、地域社会の緩いつながりであった互助や自ら行える自助にシフトしていくことの重要性が指摘されている。レジリアンスの強化を図るには、まずは公的機関の限界を出発点として踏まえながら、自助の活動を視野に入れる必要性を指摘している。

このような学術と実務家双方の構成にしたのは、「3・11」以降、震災についての直接的な記憶が語られた書籍が多いなか、多層的視点から「災害の記憶」と向き合い、今後都市部で想定される災害に対して、議論の素地を提供できればと思ったからである。大災害という現在進行形の題材で、レジリアンスを巡る理論と現実、マクロとミクロ、民と官などさまざまな視点や試論が、少しでも役に立つことを編者として心より願っている。

第一部　3・11後のレジリアンス

レジリアンスとは——生態学から社会経済分野へ

香坂　玲

一　言葉の概念

まず初めに「レジリアンス」の概念について説明しよう。レジリアンスとは、端的にいうと、外からの変動や変化に対して、システムが反応し、衝撃を吸収しながら、自らの機能、構造を維持する能力を示す。外からの変動や変化には、気温の上昇などのゆっくりとした変化も、地震や津波といった突発的な衝撃も含まれる。また、物理的な変化だけではなく、生物界でいえば、侵略的な外来種や疫病の流行なども含まれる。「レジリアンス＝resilience」は、回復力や抵抗力とも訳されているが、定訳はなく、そのままカタカナで表記されることも多い。

そもそもは、自然を相手にした生態学のシステムや統計を使った手法での学問領域において、C. S. Hollingという学者が提唱した概念である。ある種が他の種を食べたり食べられたりする二種の関係が、時間の経過とともに数や数値が安定した平衡状態に落ち着くまでを分析した議論からスタートしており、数値があるタイミングで急激に変化しながら別の地点で落ち着くというパターンが見つかっている。その概念は、森林の生態系が衝撃や変動に対してシステムとしてどのように対応し、自らの機能の維持をしているかといった議論にまで広がり、現在では、生態系だけではなく、社会科学を含むさまざまな分野でレジリアンス論が展開されている（レジリアンスの概念の歴史的経緯と整理については本書の半藤・窪田による「レジリアンス概念論」を参照のこと）。特に日本では、生産を担っている農村や漁村など社会システムを含む領域での変動や変化へ耐える力についての議論も活発だ。

その議論においては、変動や変化に耐える力、すなわちレジリアンスとして、日本の地域社会は時には脅威となる自然に対し、対峙するのではなく、「負けるが勝ちとでも表現される自然を『いなす』叡智」を培ってきたという考えが表明されている（涌井、2011:180）。

スウェーデンのストックホルム大学のレジリアンス・センター（RC）では、レジリアンスの正式な定義を、「（回復できなくなるような）境界線を越えない範囲で、システムが継続的に変化して適応していく能力」としている。例えば、ビー玉が入ったお椀をイメージ

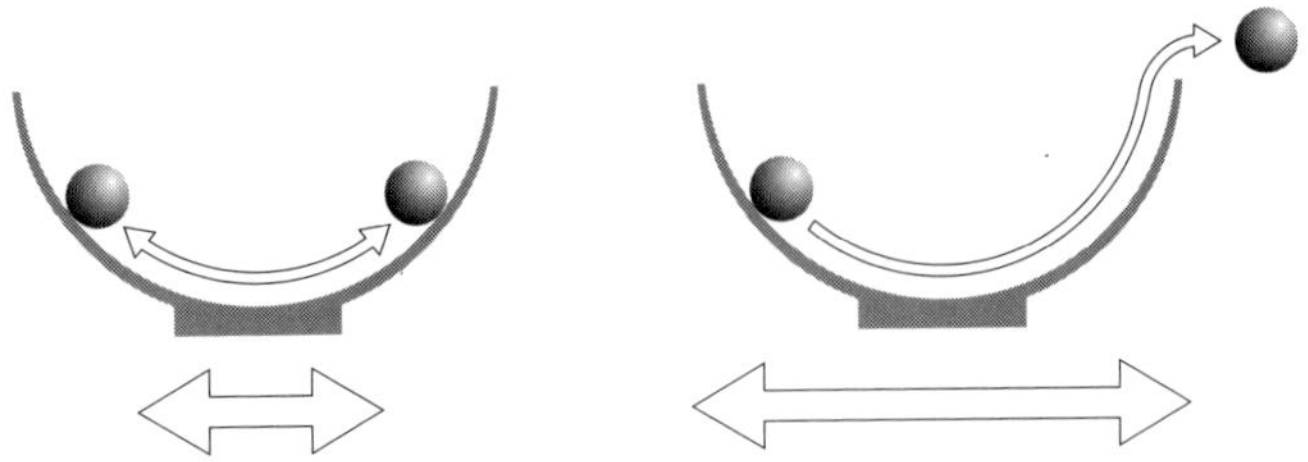

図１　自然のバランスの考え方の模式図

してみよう。衝撃を受けても、ある範囲であれば、ビー玉はお椀の底にもどっていく。ところが、あまり激しく揺さぶられると、ビー玉は外に飛び出してしまう。衝撃があったときに、ビー玉が飛び出してしまわないよう、揺れをある範囲のなかに収めていく仕組みがレジリアンスということになる（ただ、実際には本書の半藤逸樹・窪田順平「レジリアンス概念論」が指摘するように、複数の山と谷が存在するモデルが想定されている）。

一連の自然の捉え方に関する議論は、自然科学だけではなく、社会の将来計画や最適化の限界が露呈するなかで、社会科学でも行われてきた。自然環境と生態系がショックを受けて再生するプロセスと合わせて、人間社会がどのように対処し、反応したのか、そして何を教訓として記憶に残そうとしているかもレジリアンスの範疇となる。本書でも、ボランティア、組合、企業やその連合体など、さまざまな組織がどのように大震災に対応し、再生の力となっていったのかが、一つの焦点となっている。

二　社会経済分野へ

地域社会により特化した形での定義もある。例えば、米国の森林科学の研究者Harrisらは、山村のコミュニティのレジリアンスとは、「変化の影響を和らげることができるように、最も肯定的かつ建設的な方法で、コミュニティが反応し、対応できる能力」と、述べている（Harrisら、2000）。

また、小規模のコミュニティの能力は一般に考えられているよりも高く、その底力となる資源には、金銭や自然資源という物質的資本だけではなく、リーダーシップ、地域の人びとが持つ技術や匠の技、ネットワークなど人的あるいは政治的な資本が重要だという指摘もなされている（DonoghueとSturtevant, 2007）。つまり、コミュニティのレジリアンスは、単にお金や自然の資源があるだけでは高まらず、また一級の才能を集めても、衝撃に対して機能を維持できるとも限らないということである。お金持ちが集う高級リゾートを例に考えてみよう。そこには、物的、経済的な資本も、ＩＴ企業の経営者やスポーツ選手などの人的な資源も揃っているとしよう。平時には人も羨むリゾート地だが、そこを災害が襲えばどうなるか。地域に深い思い入れがなければ、一流の人材であってもリーダーシップや才能を発揮することがないまま、別の場所へ避難するだろう。リゾートを経営する会社

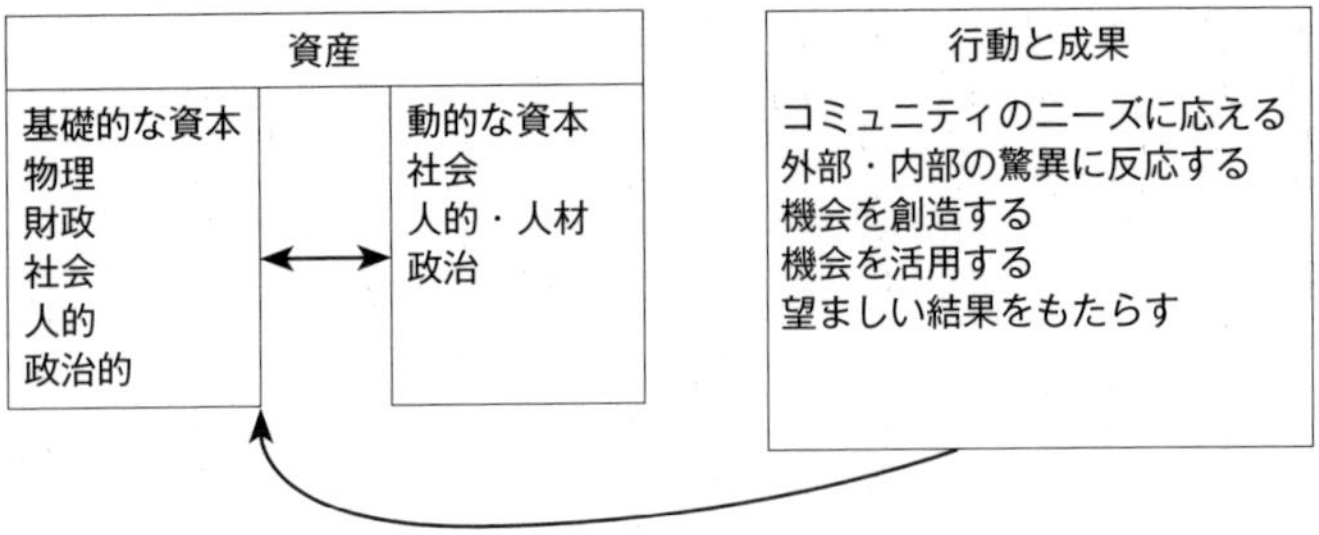

図2　Donoghue と Sturtevant, 2007 より（香坂玲訳）

も、その地を簡単に見限って移転してしまうかもしれない。つまり、有事に際して機能の維持は難しく、レジリアンスは決して高くないということになる。米国での事例研究では、コミュニティのレジリアンスは、木材や米の生産量あるいはお金に換算できる資本や人的資本を、単純に静的なストックの資産として評価するのではなく、どれだけ動員できるのかが評価のカギとなるとしている。図2に示すように、個々の基礎的な資本を有機的に結び付けて、動的な資本として動員するには、必要となる要素がある。例えばリーダーシップや土地への思い入れなど定量化しづらい要素が、むしろ決定的な役割を果たす。海外の事例なので単純に日本に当てはめることはできないが、木材生産を行っている小さいコミュニティは、大資本が参入しやすい酪農のコミュニティよりも、人口増加や組織面でのレジリアンスで優位にあるとも指摘している。また、行動を起こして成果が出てくることで、人や資本を惹きつけたり、逆に人が職を求めて離れてしまったりするケースもある。

未曾有ともいわれる震災を経験したわが国においては、とりわけ、復興や復旧が進んでいく各段階で、山村、農村、漁村など各コミュニティの資源、経済、人的資本と合わせて、各資本のネットワークの有機的なつながりや結びつきにも着眼したレジリアンスの評価を行っていく必要があろう。

生態系、あるいは社会のコミュニティは、外部から変動を受けると、ある範囲のなかで変化し、動的なシステムとして適応する。我々の細胞が入れ替わりながらも、アイデンティティを維持しているように、生態系や地域社会も、時々刻々と変化する状況に合わせて、自らを再編、再構築しながら、機能を維持していく有様が読み取れる。

本書でも後半の事例で山村のコミュニティのレジリアンスに着目し、宮城県の森林組合が、震災後に限られた時間と資源のなかで、人的な資源とネットワークを活かして組織を再構築させていったプロセスについて取り上げている（本書の竹中雅治「災害における木材の役割」を参照）。一方で、建設業やガス事業者の対応について、震災後にどれだけ早く組織として体制を整え、現場と指揮系統がどのように学習をしていったか、当事者がそのプロセスを描いている。

このように本書の事例では、組織が大きなショックに際してどれだけ柔軟に、どれだけ迅速に体制を構築できたかを検証する数多くの材料が提示されている。

三　概念の変化

なぜ、このような概念が登場したのであろうか。背景には、資源管理や環境についての科学と政策に関する考え方の大きな変化が影響をしている。レジリアンスという概念が表舞台に登場する前の資源管理の議論では、どちらかというと外に動かない定常的な状態としての資源があり、それをどのように効率的に管理し、最適に分配していけばいいのかという工学的な議論が主眼にあった。将来は予想でき、インプットがあればアウトプットは十年後でも分かるという前提で、専門家が計画を立て、その計画がそのまま政策として実践された。

ところが、台風、地震などの突発的な変動のみならず地域社会や国際貿易の状況の変化によって、生態系が計画当初は予想もしなかった状態へと変わってしまうことが多々あった。そもそも、地域の人びとの理解が得られないまま、専門家や行政の主導で進めた計画やプロジェクトは長続きしないことが多く、失敗が積み重なった。一方で、地域住民が意思決定に参画すると、実は地元の生態系や資源についての詳しい知識や経験則が計画や決定に反映されるというメリットがあることも分かってきた。また、地域住民は資源や生態系からのサービスの担い手と同時に受け手でもあり、最終的に自分たちに跳ね返ってくるリスクや便益を受ける立場にもあるだけに、意思決定に真剣に取り組める素地がある。

　こうした状況を背景にして、科学者にしても行政にしても、変化は避けることができず、将来の変化を的確に予想することは難しく、不確実性を伴うという現実を徐々に認めざるを得なくなった。その結果、生態系の議論であれば、不確実な生態系を見ながら、状況に応じて柔軟に対応できる管理や計画をしていこうという機運が高まり、エコシステム・ベース、あるいはレジリアンスを基本としたアプローチの議論が始まった。

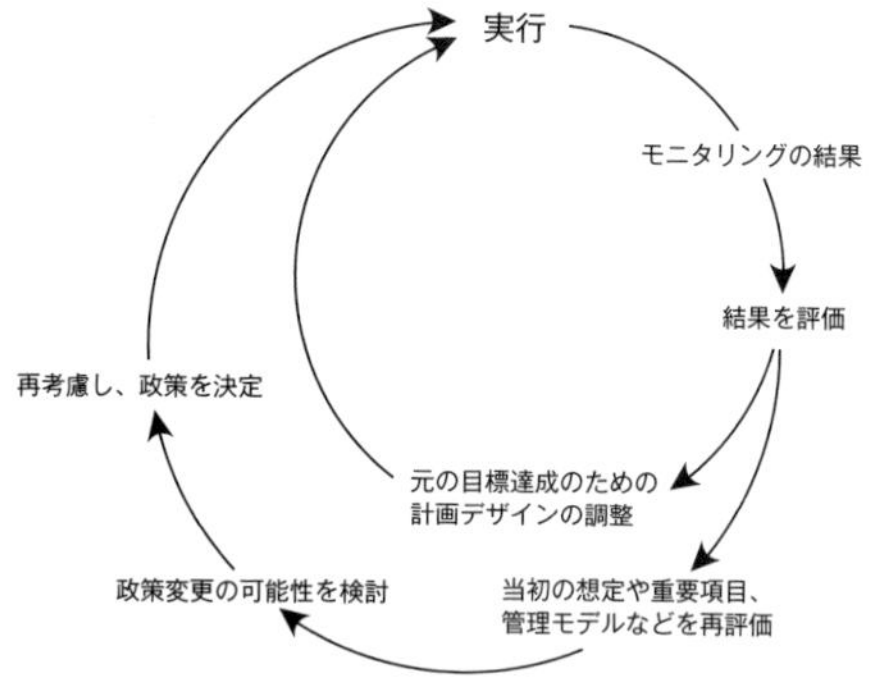

図３　レジリアンスを基本とした自然資源管理アプローチに関する概念図
出典：Kofinas G（2009）（翻訳　森章横浜国立大准教授）

　この流れにおいては、もともとあった計画を実行することばかりに注力するのではなく、結果の評価を行う点が強調されている。ただ、それだけであれば、既存の典型的なマネジメントサイクルであるＰＤＣＡサイクルなどと大きな違いはない。しかも、評価において、若干の不足や課題が指摘されても、類似の方向性で継続させせるバイアスがかかってしまう。レジリアンス・ベースの議論では、評価や再評価に基づいて、必要に応じて柔軟にループから抜け出し、本当の意味での政策の変更を定期的に行うことを前提としていくべきだとしている。

都市計画学という学術分野においても、行政、法律、建築、造園などの専門家が構造物や自然の空間を踏まえ、将来的な土地や空間の利用を決めていく方向に向かっている。行き当たりばったりの無計画や無秩序さを避け、将来活動を予め決めることで対立を排除することができる可能性がある反面、自由を抑圧していると批判されることもある（大西、2004）。そもそも都市計画は、都道府県や市町村の「地方公共団体」が決定する。もちろん、住民参加、パブリックコメント、住民やＮＰＯ等による提案制度などもあるが、従来から土地利用を規制していく側面もあることから民間ではなく、公の機関が主体となっている。かつては都市計画の地図等も、国、県、市の間での交渉に用いられることが多かった。

ただ、そのような制度は、ややもすると、県や国の意向を優先する硬直的な都市計画を生む。阪神・淡路大震災からの復興計画でも、そのような「官治的な体質」が原因で生じた行政と住民間の不信が、鷹取東、芦屋などさまざまな場所で繰り返し問題として浮上していたことを受け、時間をかけてでも合意形成を図るとか、それをつないでいく専門家の存在が、住宅地でも商業用地でも重要となると指摘されている（安藤、2004）。建築制限が解除され、無秩序に建築が進むことを恐れるあまり、非民主的な都市計画決定を行ってしまうと、不信感が募り、白紙撤回を求められるケースも出てくるなか、行政から独立して活動する存在が必要だとしている（安藤、2004）。

関連する開発援助分野でも、こうした流れが見られる。環境というテーマであれば、セーフガードなどの形で地域に配慮し、環境アセスメントや住民参加が当然という流れになっているが、開発援助となると失敗の歴史がまだ続いている。特に、先進国の政府やＮＧＯが発展途上国において行った開発援助や環境保全の分野でのプロジェクトでは、地域の人びとを排除した形で保護区などを設定し、保全の成果を得られないどころか、その後の違法伐採、野生動物の密猟などを誘発し、逆効果を招いたケースが数多く報告されている。また、自然資源は保全されたにしても、それればかりに眼を奪われた結果、地域住民が強権的に移住を強要され、保全を目的としながら、その背景で比較的安定していた地域社会の崩壊を招くといったケースも少なくない。

四　本書での概念的な展開

このように、さまざまな分野で「予想して、計画に基づいて実行」という前提が崩れるなか、レジリアンスといった生態系に関わる新たな概念が登場し、専門家が事前に予想して計画を立てるのではなく、生態系やコミュニティがダイナミックに変化する状況に応じて、いかに柔軟かつ自発的に自らのシステムの機能を維持するかに焦点が当たるようになった。具体的には、生態系や組織を維持していくため、どのような選択肢があり、いかに自己を再編、再構築すべきかが焦点となっていった。二〇一一年三月に日本を襲った複合的な震災は、まさに生態系や組織のレジリアンスに課題をつきつけている。

すなわち、なぜレジリアンスという概念が重要となるかという議論は、科学的な将来予想に限界や不確実性があることとの裏返しであるのだ。つまり、科学の予想予測技術に限界があることを前提として資源管理の在り方を議論するようになったことと並行する形で、レジリアンスという概念が登場してきているといえる。気候変動や静かな津波と呼ばれる「食糧危機」のように、ゆっくりと進行する危機もあれば、実際の津波や地震などのように、突発的で予想が難しい変化もある。ストックホルム大学のレジリアンス・センターでは、現在、このような突発的で予想が難しい変化がより頻繁に起き、より深刻になっており、社会の適応能力に新たな課題が突きつけられているとしている。またその対処も、リスクをゼロにすることを目指すのではなく、緩和、減災などリスクの増大や被害の蓋然《がいぜん》を前提とする概念も出てきている。

過去の阪神淡路大震災の事例においては、地域住民の声よりも国や県などの意向を重視しがちな「官治的な体質」が異なる地域で課題として繰り返し指摘されてきた（安藤、2004）。また、国と県の関係では、県が担当する地域医療サービスがカットされながら、国の補助金で懇談会が開かれるなど、「構造改革の結果、国によるひも付き補助金の性格はかえって強くなっている」と危惧され、国と県の関係の再構築の必要性も指摘されている（山下、2008）。市町村の基礎自治体レベルでも、たとえ国や県が対応を任せようとしても、それをこなしていくには当事者能力が低いこと、企画・財政や道路・公園などを担当する各部局から「越権行為」と批判の声が出るなど、なかなか縦割りを克服できないことなどが指摘されている（大方、2004: 98-99）。さらに、近年のコミュニティ・デザインの議論においても、特に大都市で顕著だが、行政の側には職員の参加の仕方にまだまだ課題が多く、住民の側が公的な事業に参画する成熟度に比べ、行政の職員の態度は何十年も変わっていないという指摘もある（山崎、2011）。より具体的な課題としては、現状のように持ち帰って決済を取る行政の仕組みでは、時間がかかり過ぎてしまうこと、住民のやる気が盛り上がるリズムと合っていない点が指摘されている。

災害時と平時、大都市と地域社会など文脈に応じた差もあるが、一方で計画づくりにおいては共通した課題もみえてくる。都市の計画では、将来予測などで専門家が計画を策定するという側面だけではなく、住民らも参加する集団的な意思決定とその意志の遂行を推進するということである（大方、2004）。そこでは、合意形成の過程などを含むものと位置づけ、参加者が納得し、実現できる計画を策定していくことが必要となる。結果として、将来予測、空間構想・構成と合わせて、実現ができる合意形成と意思決定を支える技法も重要となる（Murayama, 2009）。

五　展望

ただ、変わらない行政の体質を嘆くだけではなく、自助を含めどのようにすれば、東海地域などの大都市部であっても、レジリアンスのより高いコミュニティをつくっていくことができるのかを考えていく必要があり、本書はその題材を提供することを意図している。ゆえに、理論だけではなく、実務家による記録も収めることとした。それも、研究者、企業、NPO、組合など、ある意味では「よそ者」として被災地に入り、活動してきた人びとの記憶にもとづく記録を中心に、組織や地域社会の事例を交えている。そこには限界や批判もあろうが、組織の対処と個人の記憶という切り口で、地域や社会のレジリアンスについて議論を展開し、今後も、地震発生が予想されている東海、東南海だけではなく、それ以外の地域においても、将来予想の限界を踏まえながら、議論を深めていくことを狙っている。

実務家の体験のなかには、被災地において林業という地域の自然資源をベースにしたコミュニティだからこそ悲劇のなかで発揮できた能力についても報告されている。また、陸前高田市に派遣された名古屋市の職員による行政の組織面について報告もある。その報告では、現地の地方自治体の機能が低下や麻痺するなかで、どのようにその組織の機能を代替ないしは、補強するのかが焦点となっている。「丸ごと支援」を謳いつつも、他の自治体から来た応援部隊がすぐに現地職員の代替ができるわけではなく、あくまで書類の発行などの緊急業務の一部補完にとどまるなど、代替できた役割が限定的であったことが率直に語られ、今後も環境や地域の再生には息の長い取り組みが必要となることも指摘されている。また、建設業やガスの協会から派遣された体験からは、派遣される側にとっても、NPOや業種を超えた迅速な連携が重要となることが読み取れる。災害時だけではなく平時にも交流ややり取りがあることが、緊急時に迅速な体制や連絡の構築ができるポイントとされている。さらに、公的な部門のみが組織なのではなく、自助を促すような仕組みづくりが急がれるということも、地域のレジリアンスを考えていくうえで重要な指摘といえる。「今後の人口減、行財政の逼迫を前提にすれば、地域から要望があっても、もはや行政には応えられない状況」（山下、2008：238）が近未来どころか現実となりつつあることを受け入れ、住民の側も行政などのサービスの受け手であると同時に、リスクの受け手でもあるという当事者としての自覚を持つことが一つの出発点となろう。

ただ、悲観的ななかにも、明るい兆しはある。計画や復興では、男性ばかりではなく女性の地域ネットワークの強さが示されるようになってきた。また、行財政の逼迫は、その名目のもとに組織の改編・改革や意識変革の必然性が多くの人びとに受け入れてもらえるチャンスでもある。

筆者は二〇一一年一一月に仮設店舗の屋台村「気仙沼横丁」を訪問した。それは、以前のままのネットワークと新しい形のものが混在する場、明るい兆しを実感させられる出来事であった。そこに出店している魚屋は、被災する前と比べて店舗は狭く、冷蔵庫などの施設も十分ではないものの、店を出したこと、あるいはそれが報道されたことがきっかけで、常連客と互いに安否の確認をすることができ、店舗が交流の場でもあったことを実感している。また、支援や義捐金ではなく、少額であっても、商売を通じてお金を得ることによってモチベーションが上がる。また、それぞれが民宿を経営し、それぞれに津波で被災した三人が共同で、「男子厨房　海の家」居酒屋を出店している。一人では資金や気力の面でなかなかモチベーションを高めることができないが、リスクや作業を三人で分担する形で店を再開できたそうだ。この店では、三人がシェフとして腕を振るい、得意料理を持ち寄るなどの相乗効果も上げている。そして、「気仙沼横丁」の買物客には、高校の同級生の店で買い物をしたという近隣住民だけでなく、東京でイタリア料理店を営む人、ボランティア、ハローワークや書類発行のための応援部隊として関西から派遣されてきた自治体の職員など、さまざまな姿があった。

生態系、あるいは社会のコミュニティは、外部から変動を受けると、ある範囲のなかで変化し、動的なシステムとして適応すると述べたが、震災という非常に強いショックを受けながらも、小規模な商店が一歩を踏み出し、昔ながらの顔なじみの客と外からの応援部隊などの新しい顔ぶれが混ざりながら飲食や買い物を楽しんでいる仮設の屋台村は、まさにそれを体現している場であり、地域社会のレジリアンスを再認識させられた。

参考文献

安藤元夫（二〇〇四）『阪神・淡路大震災　復興都市計画事業・まちづくり』学芸出版　京都府

大方潤一郎（二〇〇四）「3章　都市のマスタープラン：その理念と実態」大西隆編『都市を構想する』七六―一〇一頁　鹿島出版会　東京都

大西隆（二〇〇四）「1章　広域の計画」大西隆編『都市を構想する』二一―三九　鹿島出版会　東京都

山崎亮（二〇一一）『コミュニティデザイン　人がつながるしくみをつくる』学芸出版　京都府

涌井史郎（二〇一一）「震災復興計画への階梯と計画思想」『ランドスケープ研究』75（3）一七八―一八五頁

Harris, C., McLaughlin, W., Brown, G., Becker, D. (2000) Rural Communities in the Inland Northwest: An Assessment of Small Rural Communities in the Interior and Upper Columbia River Basins. Gen. Tech. Rep. PNW-GTR-477. http://www.fs.fed.us/pnw/pubs/gtr477.pdf（二〇一一年一一月一日閲覧）

Donoghue E, Sturtevant, V (2007) Social Science Constructs in Ecosystem Assessments: Revisiting Community Capacity and Community Resiliency Soc Nat Resour 20 (10): 899 - 912

Elmqvist T, Alfsen C, Colding J (2008) Urban Systems. In: Sven Erik Jørgensen and Brian ∽D. Fath (eds) *Ecosystems*. Vol. [5] of *Encyclopedia of Ecology Elsevier*, Oxford, pp.3665-3672. DOI 10.1016/B978-008045405-4.00364-5

Kofinas G (2009) Adaptive co-management in social-ecological governance. In Principles of ecosystem stewardship. Resilience-based natural resource management in a changing world. Kofinas, G.P., Folke, C. (eds.) Springer, New York, USA. pp.77-102

Murayama Akito (2009) "Toward the Development of Plan-Making Methodology for Urban Regeneration" in Masahide Horita and Hideki Koizumi eds. (2009) *Innovations in Collaborative Urban Regeneration*, Springer pp.15-29

Stockholm Resilience Centre (2011) "What is resilience? An introduction to social-ecological research" Stockholm Resilience Centre.
http://www.stockholmresilience.org/download/18.7b7173c2134634aef76800027088/resilience_summary_lowX.pdf（二〇一一年三月一五日閲覧）

災害を乗り越える——ボランティアを通して——

松田曜子

一　私の記憶

レスキューストックヤード（RSY）は、名古屋市東区に事務所を置く特定非営利活動（NPO）法人である。一九九五年一月に発生した阪神・淡路大震災の被災者支援の継続とその教訓を愛知・名古屋を中心に地域社会へ還元することを目的に活動を開始した市民団体「震災から学ぶボランティアネットの会」が母体であり、二〇〇〇年東海豪雨での支援活動を経て、二〇〇二年三月にNPO法人格を取得した。それ以降、被災地での緊急支援・復興支援活動、中部地域を中心とした地域防災の推進、災害時要援護者支援、災害ボランティアのネットワークづくりを活動の柱に据えて運営している。

RSYは阪神・淡路大震災以降、三十五を超える国内災害の被災地支援に何らかの形で携わり、現地で被災された方の傍らにいながら被災地が残した教訓を学び、それを次の災害を乗り越える力として生かすことを目標に掲げてきた。

二〇〇四年の新潟県中越地震以降、我が国では大きな自然災害が相次いだ。そのころから、RSYの緊急支援・復興支援も災害のたびに新たな取り組みに挑戦することになる。新潟県中越地震では、田麦山（現・新潟県長岡市、地震当時は新潟県川口町）という集落に入り、愛知のボランティアとの交流を続けた結果、現在でも地元のあいち生協が毎年田麦山の新米を買いつけ、当地で販売するという交流が続いている。二〇〇七年能登半島地震では、被災直後に支援に入った石川県穴水町でその後二年にわたり地元商店主たちとともに商店街の復興に携わることになった。二〇〇八年八月末に愛知県で発生した集中豪雨時には、二〇〇二年からRSYが委託運営していた「名古屋市災害ボランティアコーディネーター養成講座」の受講生が、初めて地元の災害で有機的に連携した支援活動を行うことができた。このような小さな挑戦の積み重ねを災害のたびに蓄積した結果がRSYの目指す「災害に強い社会」をつくるという信念を生み出し、RSYは活動を続け、それに賛同する人びとによって支えられている。

また、二〇〇五年からは、当地に襲いかかる最大の脅威となっている東海・東南海地震に備えるため、全国に散らばるボランティア団体どうしが連携を図るための訓練と交流の場がＮＰＯ法人静岡県ボランティア協会の主催で持たれるようになった。この図上訓練には名古屋からも毎年大勢のボランティアが参加し、ボランティアが得意とする「社交性」をもって他県の災害ボランティアと顔の見える関係を次々と築いていた。

ＲＳＹはそのような状況下で、３・11を迎えた。

ところで、私自身はというと、ＲＳＹスタッフの一員となったのは、二〇〇七年四月のことであった。それまでの大学院での研究を通じ出会った名古屋の小さなＮＰＯ、それも「被災地支援」と「防災」というきわめて特殊な活動を行うこの団体の事務所に、幅広い背景、年代、職業を持つ「ふつうの人びと」が常に出入りしていて、おのおの被災地に向けた応援メッセージを書いたり、自分の地域で行う啓発活動の準備をしたりしながら談笑していた風景が、当時の私の好奇心を強く刺激したのを今でも覚えている。

それは、阪神・淡路大震災以後、多くの公共的分野と同様、防災においても「細切れの防災」「過度に専門化された防災」の脆弱性が盛んに指摘されていた当時にあって、私が名古屋で見た風景は、ＲＳＹという場がなければ出会うはずのない人たちが被災地支援・防災というキーワードのもとで横断的に出会い、楽しそうに交流しているという驚きだったのである。

二〇〇七年にスタッフの一員となってからの四年間は、被災地支援とＮＰＯの運営の同時進行でめまぐるしくもあっという間に過ぎていった。

二〇一〇年度にRSYは愛知県による「防災関係団体等実態調査」という新たな業務を担うことになった。この業務は、県内で活動する「防災」を看板に掲げている団体、およびそのほか多くの分野のNPOや市民団体に対し「災害とのかかわり」を聞いた結果をもとに、「いざというとき」に機能する緩い市民団体のつながりとはどんなものであるべきかを探る下地となる調査であった。

そして三月一一日、私はその業務の一環で県内のとある団体に電話インタビューを行っている最中にその瞬間を迎えた。どんどん大きくなる揺れに耐えられなくなり、会話の途中で「これは大きいですね、電話切りますね」といって通話を終え、あとは事務所のテレビに目が釘づけになり、足がすくみ、動けなくなってしまった。ただ、これだけの惨状をNHKが淡々と伝え続けられるこの国の底力にどこかで驚きつつ、必死で自分が次に何をすべきか考えていた。

団体としては、その直後からできるだけ現地に近づくため、交通網の現況調査と仲間のボランティア団体等との連絡調整に追われた。おもに代表理事がこの任務を担い、事務局は随時集まった情報の整理と発信を行った。私はというと、年度末のこの団体が事業を継続できるように、代表理事に代わり、報告を完了させるといった仕事を請け負った。災害救援のNPOといっても、国内の災害しか経験がなく、災害医療や看護のプロフェッショナルでもないRSYには、すぐに物資を大量手配したり、ヘリコプターを飛ばしたりする資金力や技術力があるわけではない。それどころか、恥ずかしい話ながら、いざ先遣隊を送る段になったとき、名古屋でガソリンの携行缶を手配するのにも苦労したほどである。来たるべき広域災害を考えれば、海外救援を行うNGOなどから初動配備のノウハウについて身に付けておくべきだったかもしれない。

事務局には報道や一般の方からさまざまな問い合わせの電話が夜中まで相次いだ。RSYの動きを問い合わせるもの、ボランティアに行きたいという希望、さらには次に名古屋で地震が起こるのが怖いので備え方を教えてくれという電話もあった。こうした声に一つひとつ答えるのは小さい団体には限界がある。事務局のそうした混乱ぶりを推し量ったかのように、阪神・淡路大震災の支援経験があるボランティアが中心となって東日本大震災の特設サイトを立ち上げてくれ、RSYがこれまで蓄積してきた情報や被災地からの報告を情報提供する場が設けられた。私はこの地震が起こるまで、ツイッターなどのソーシャル・メディアにはむしろ懐疑的であったし、生来のものぐさが災いし、RSYのブログを更新することも怠っていた。しかし今、インターネットを通じてRSYの活動を知り、ボランティアに参加してくれた若者の数や頂いた寄付金の額を考えると、我々のような小さなNPOにこそ、インターネットを通じた的確な情報発信が武器になることを実感している。

二　支援拠点に入る

三月末ごろまでに、各支援団体は活動の拠点となる場所を定めた。RSYは宮城県七ヶ浜町にそれを置くことになった。仙台市の郊外、人口二万人強の小さな町に入ることに決めたのは、これまでの講演で町の社会福祉協議会とつながりがあったことと、また被災地支援の経験上、頻繁に報道される大きな市町に比べ、七ヶ浜のような小さい町村が支援の輪から取り残されがちになることが予測できたからである。

長期的支援にはボランティアのための拠点が必要になるが、今回の被災地では宿泊拠点となる沿岸部の旅館やホテルの多くが流失した。RSYはまず、七ヶ浜町の災害ボランティアセンターが設置された屋内ゲートボール場「スパーク七ヶ浜」の隣接地に、ボランティアと住民の交流拠点「ボランティアきずな館」のプレハブ設置を決めた。設置費用は日本財団ROADプロジェクト（第四項で詳述）からの支援によった。「きずな館」にはスタッフ二名が常駐する体制を取り、名古屋からを中心としたボランティアの宿泊拠点とし、また一階の交流スペースは避難所で暮らす住民の方のお茶飲みスペースとして開放された。

たべさいんプロジェクト
撮影年月　2011年4月
撮影地　宮城県七ヶ浜町　ボランティアきずな館

ほどなくして、「お年寄りが避難所で毎日インスタントラーメンを食べているのが気の毒でたまらない」という訴えとともに、にきずな館を訪れた地元女性たちを中心として、きずな館の台所で地元のお惣菜や漬物をつくり、避難所のお年寄りに食べてもらうという「たべさいんプロジェクト」が始まった。当時不足していた生鮮野菜は、RSYが東日本大震災の前から支援活動を行っていた宮崎県の新燃岳や地元愛知県安城市、あいち生協などから調達された。

RSYが七ヶ浜町を選んだように、東北沿岸部の市町にはさまざまな支援団体が入り、拠点を形成した。被災地が広大であるだけにその姿もさまざまである。

沿岸被災地の中で最大の人口を抱える宮城県石巻市では、市が石巻専修大学の敷地を開放し、巨大なボランティア拠点になった。そこでは社会福祉協議会、青年会議所など地元の公益団体を含む支援団体が一堂に会す連絡会が毎晩開催された。この連絡会の継続的な開催が二九〇以上の団体を擁する「石巻災害復興支援協議会」の設立という流れを生んだ。このような、支援団体間の情報共有と、地元組織とのパイプ役を果たす協議会組織は、その後大きな市町を中心に各所でつくられるようになった。

岩手県遠野市は、後方支援基地として機能することになった。被災の度合がひどく、平地も限られていて支援者の拠点づくりに苦慮した三陸沿岸の後方基地として、いち早くボランティアの宿泊拠点と、「遠野まごころネット」という組織を整え、大規模なボランティアセンターとしての役割を果たした。

一方、外部支援者の数が圧倒的に少ないのが福島県であった。他県に比べ避難の様相がきわめて複雑であったこと、初期段階で原発事故の影響が予測できなかったことなどから、福島県では県外の外部支援者がネットワーク組織を組む動きがなかなか生まれなかった。その代わり、根気よく活動を継続したのが地元団体である。例えば、福島県郡山市のビッグパレットふくしまという巨大避難所（最大二千五百名収容したといわれている）に入った新潟県中越地震の支援経験を持つ中越復興市民会議がもっとも頼った力は、福島県内の大学のネットワーク組織（FUKUSHIMA足湯隊）である。地元大学生は「ふくしまをあきらめない」を合い言葉に、ここでの支援を精力的に行い、避難所が解消された今も、郡山市、三春町、福島市内の仮設住宅での支援を継続している。

また、被災地全体を見渡し、あらゆる支援団体が手をつなぐための組織体、「東日本大震災支援全国ネットワーク」もほどなくして立ち上がった。

三　ボランティアの「支援」とは

ボランティアが地域に入って行う支援とは、具体的にどんなものがあるのだろうか。東日本大震災の場合、がれき撤去、被災家屋の清掃、田畑の清掃、支援物資の運搬、避難所の環境整備、などの活動が目立った。しかしこれらはあくまでも「おもな活動」である。ボランティアができる活動は、時間の経過とともに消滅するものや、大きなマンパワーを要するものばかりでもない。活動の可能性は、被災地支援のすき間を察知する「想像力」と、被災された方一人ひとりの話を丁寧に聞く「傾聴力」、さらにそれを行動に移す「実行力」次第で、無限に広がるといってよい。

例えば七ヶ浜町では、仮設住宅への入居が始まる五月頃「まごころ表札プロジェクト」

が立ち上がった。これは、中学生を中心とした地元住民が津波で流された被災家屋の木材を使って手づくりの表札をつくり、仮設住宅の入居者にプレゼントするという企画である。実は、支援だけを考えれば表札を業者に発注し入居者に手渡すのが最も手っ取り早い。そこにあえて手間をかけて中学生に彩色を頼むのは、「私たちも何かしたい」という彼らの気持ちをくみ上げるためである。さらに、「表札」というアイデアは、仮設住宅がどこも似たような並びで住宅が判別しにくく、特に高齢者のためには識別しやすい目印が必要だという経験的知識に基づいたものである。

まごころ表札プロジェクト
撮影年月　2011年5月
撮影地　宮城県七ヶ浜町

七ヶ浜の例以外でも、例えば先述のビッグパレットふくしまでは、荒涼とした避難所に支援者がそっとコーヒーメーカーを入れたところ、喫茶店の店主だったという男性が名乗り出て、避難所の中に「さくら」という名前のカフェができ、その男性は客である避難者から「マスター」と呼ばれるうち、みるみるうちに生き生きとした表情を取り戻したそうだ。そしてそこには笑いと人の輪が生まれるようになった。

これらの例が示すとおり、ボランティアに必要なのは目の前にいる人や被災地の苦悩を慮り、何ができるかを考える「想像力」、しかし独りよがりにならず被災者のニーズを聞く「傾聴力」、そしてアイデアを行動に移す「実行力」である。特殊な技能を備えていたり、一人で万能であったりする必要はない。その代わりボランティアにはもう一つ「仲間」という要素が大切である。即席であってもできるだけ多様な仲間が集まり、理想的には地元民を巻きこんだ仲間どうしで意見を出し合うことができると、その場、その瞬間、その条件の下で最もふさわしい解決策が産み出されるものである。こうした「局所的最適解」の実行が、ボランティアのもっとも得意とする分野なのである。

しかしながら、現在の日本では、ボランティアは行政や既成の支援制度が求める「標準解」を実行するための補助者であるという認識もまだ根強い。そういう捉え方をすれば、人が集まりその場で解を求めるようなやり方は非効率的と映る。そしてボランティアにマニュアルやルールに頼った標準解の実行を強いようとする。また、「標準に収まらない解」を規制しようとする（例えばボランティアの活動内容や地域を限定する）動きも生まれる。これが「秩序化のドライブ」ともいわれるものであり（渥美ら、二〇一一）、神戸以降十七年の経過は、災害ボランティアにしてみると、この秩序化のドライブと、究極的には一人のために存在する「ボランティア」の間のせめぎ合いの歴史であったといってもよい。

我々の想定を超えた事象が次々と発生する被災地において、標準解だけで被災者を救うことは不可能である。ボランティアはこうした想定を超えた事態に対処する柔軟な武器として被災地から求められているのである。

実はこのせめぎ合いにどこで決着をつけるべきか（例えば、ルールを守れるボランティアのみを「認定ボランティア」と呼ぶべきなのか、ボランティアにはできるだけ想像力を発揮できる環境を整えるべきか、といった議論）は、ボランティア経験者のあいだでも意見が分かれるところである。こうした議論を一つひとつ突き詰めていくと、日本の災害ボランティア文化についての議論はまだまだ熟成の可能性があろう。

震災後、文部科学省が「『生きる力』を鍛えることが防災教育の根幹」というような主張をふたたび強調しはじめた。これには、津波や地震を正しく怖れ、自分の命を守り抜くための術を身につけよ、という意図がこめられている。それとともに、ボランティアに必要な想像力、傾聴力、実行力、そして仲間をつくる力を養い、他人に対して無関心にならないような教育もまた、「生きる力」を持った人づくり、地域づくりに寄与するものだと思う。

四　日本財団ＲＯＡＤプロジェクト「足湯ボランティア」

東日本大震災以降に私自身が就いた任務は、東京で募集した「足湯ボランティア」を被災地に送るというものである。三月末に東京に拠点を移し、継続して足湯ボランティアを送り出してきた。

「足湯」を受ける人は、たらいに張った湯に足を浸け、体を温め、手をさすられながらボランティアと一対一で一つの空間を共有し、10～15分程度過ごす。その間、必然的に会話が生まれる。足湯の間に発せられた言葉は「つぶやき」と呼ばれる。つぶやきの記録には被災者一人ひとりから発せられる生の声、生の叫びが多く含まれている。

もともと神戸で活動していたボランティアが始めたこの活動は、数々の被災地で受け入れられてきた。今回の震災直後、ＲＳＹの上位組織である「震災がつなぐ全国ネットワーク」の被災地支援活動を長く支援いただいている日本財団との協議のなかで、この足湯ボランティアを各拠点となる被災地に送り続けることが決まった。

それまでの災害で、学生等を中心に地道に展開されてきた足湯ボランティアであるが、今回の災害の被災地ではそれでは到底間に合わない。私たちがウェブを通じ募集したボランティアは「日本財団ＲＯＡＤプロジェクト足湯隊」となり、これまでに千四百名を超えるボランティアが被災三県、八拠点、十三市町の避難所や仮設住宅に派遣された。

足湯を被災地のボランティア活動として行うことの意味は、これまでにもさまざまな議論がされてきた。おおむね共通しているのは、足湯の場そのもの、温かいお湯、身体の接触、そして何気ない会話それぞれに効果があり、これが総合的に受け入れられているということだ。

この活動は被災地に受け入れられ、足湯を受けた人が何気なくつぶやいた言葉は、被災地のありのままを描写している。

それは例えば、被災直後の表に出せない内情であったり（「野菜を近くで買って来て食べるけど、これだけ食べ物もらっているのに、買って食べるのはなんだか悪くて、こっそり食べてるの。（五月一三日郡山　女　80代）」）、仮設住宅での不安であったり（「いつもひとりぼっちで孤独だ。（八月二二日　岩沼・仮設　70代　男性）」）、足湯ボランティアへのメッセージであったり（「だから被災してない人に話を聞いてほしい。（五月七日　女川　女　80代）」）、偽らざる生の声があふれている。

さらに、ボランティアを送る役目の私が感じることは、このボランティア活動を継続することにより、被災地に行く側（ボランティア側）に「生きる力」が備わってきているようだということだ。足湯活動に魅せられた学生たちが口々に話すのは、「あのおばあさんにかけられた言葉が忘れられない」、「『ありがとう』といわれた瞬間がうれしかった」などという、これまで「他人」であった人とのポジティブな記憶である。また、「これまで『被災者』だと思っていた人たちが本当は一人ひとり名前のある存在なのだと知った」といった感想もたびたび聞かれる。

他人とほとんど交流がなくても、あるいはバーチャルな交流だけで生活することが可能な現代の若者にとって、まったく縁がなかった被災地の特定の誰かと現実世界で縁が結ばれ、痛みを分かち合える関係が築かれることは刺激的であり、成長過程には欠かせないものなのだろうと感じる。その意味で、私は多少強制力が働いたとしても、学生にはボランティアに出てほしいと考えている。

五　次の災害に備えて

ＲＳＹは今も被災地支援の最中にあり、東日本大震災の支援活動を統括するには時期尚早である。七ヶ浜町では仮設商店街や共同工房のオープンなどが続いている。さらに、東北では今、仮設住宅での越冬、孤独死の阻止、雇用問題、お年寄りの生きがいづくり、復興計画など重要な問題が次々と浮上してくるほか、福島県の放射性物質汚染地域の問題、帰宅問題、県外避難者への支援など長期にわたり考え、策を実行しなくてはならない課題も控えている。こうした中の支援活動については、一定の区切りごとにまとめ、課題を整理していくしかない。

ただ、将来起こりうる次の巨大災害に対していえることはある。その一つは「地域防災の取り組み」にしろ「災害ボランティアの活動」にしろ、いずれも事前と事後が分断した存在にはなりえないということだ。災害前の自主的な活動は必ず被災後の支え合いに影響し、市民が現地で被災地が残した教訓を学べば必ず次の災害を迎え撃つための糧となる。

今回の災害では、ふだん「災害」とはまったく縁のない活動をしていた団体が、自分たちのつながりを生かし東北の支援に入った。その中には独創的な内容の支援活動も少なくない。逆に、我々のような災害救援NPOは、「災害」を核としながらも、環境あるいは子育てやまちづくりなどさまざまな分野の団体や個人と連携を続けなければならない。

RSYにとってのその取り組みの一つが財団法人名古屋建設業協会（名建協）との連携である（山田厚志「災害に強いまちづくりを目指して」も参照）。名建協とは、防災運動会の実施や災害ボランティア活動用資器材の保管管理協定の締結など、連携の実績を築いている過程にある。このような活動が積み重なれば、名古屋のボランティアの主力である団塊世代の孫たちまでもが資器材倉庫を掃除し、ボランティア活動のための道具が全国の被災地で役立つたび、一輪車やバール、スコップに親しみを持つようになり、ひいては市民と「土木工事」との心理的距離も近づくのではないかと考える。

東日本大震災後、東京の経団連経由で送られてくる大量の支援物資の詰め作業のため、名建協加盟社には自社倉庫を何度も開放していただいた。そこでパック詰めの作業をするのは、数十人ものボランティアである。彼らの一部はベテランのボランティアであり、一部は大震災をきっかけに集まった新米のボランティアである。今回のことで両者に結ばれた新たな「つながり」、「縁」を名建協が取り持ったといえよう。

ちょうど3・11の日に私が調査をしていたのは、まさしくこうしたさまざまな主体が連携し、それがいざというときにも役立つようなつながりについてであり、そういうつながりがことあるごとに生まれる地域になるようにしていかなければならないと思う。

参考文献

矢守克也・渥美公秀編著、近藤誠司・宮本匠著（二〇一一）『ワードマップ　防災・減災の人間科学――いのちを支える・現場に寄り添う』新曜社

レジリアンス概念論

半藤逸樹　窪田順平

一　はじめに

レジリアンス（resilience）とは、騒乱・擾乱などのショックに対し、システムが同一の機能・構成・フィードバック機構を維持するために変化し、騒乱・擾乱を吸収して再構築するシステムの能力である。われわれ（主体）が評価するレジリアンスの客体は〝システム〟であり、客体は多種多様に設定され得る。本章では、特に断りのない限り、この客体を社会・生態システムに設定するが、このシステムにはさまざまなサブシステムが含まれるため、そこには多種多様なレジリアンスがあることに留意しつつ、持続可能性などの諸概念をからめてレジリアンス概念論を展開する。

二〇一一年三月一一日の東北地方太平洋沖地震を発端とする大災害は、多数の犠牲者を出し、地震・津波などの自然の仕組みの脅威、人間が生み出した原発の危険性を露呈させ、世界を震撼させた。政府や自治体でさまざまな復興計画が示され、防災のあり方、原発のあり方が議論されてきた。今回の大災害の引き金となった地震が起こるまで、われわれはどこかで自然界の脅威を忘れ、人間社会の持続可能性やそれを支える社会・生態システムのレジリアンスを盲目的に受け入れていたのではないか？　レジリアンス論がどのような立ち位置にあり、それはどの程度洗練されていて、どの程度の問題を残しているのか？　本章は、このような問いに対し、一つの方向性を示すものである。

二　「レジリアンス」の変遷

システムのレジリアンスは、しばしば図1のような、起伏のある地形上のボールの動きでたとえられる。ボールの位置はシステムの現状を示し、ボールを動かすようなショック（擾乱）が与えられた場合、谷が深いほど、ボールは谷から抜け出しにくくなり、谷底にある状態に回復しやすくなる。

今日、社会・生態システムにおけるレジリアンスは、Holling（1973）が定義した学術用語に端を発する。数理生態学者であるHollingは個体群動態におけるシステム（たとえば二種の共存関係）の安定性（stability）を取り上げ、システムが安定（時間が経過しても系の状態が変わらない定常的）であることと、外力によってシステムが不安定になっても元の安定な状態に戻る回復力とは別の概念であることを主張した。

元来、安定性の理論は、力学系の研究によって確立されてきた。力学系とは一定の規則によって時間とともに状態が変化するシステムのことで、このシステム内の複数要素（変数）の相互作用を複数の微分方程式や差分方程式によって記述するものである。中等教育で学ぶ連立方程式の微分方程式版と考えれば良い。システムがある平衡状態に向かうとき、その平衡状態をアトラクター（attractor）と呼ぶ（厳密には、力学系が時間発展をして向かう先の集合を示す）。アトラクターには、定常状態に落ち着くもの、周期的な振る舞いをするもの、準周期的な振る舞いをするもの、カオス理論で取り扱われるような複雑で予測できない振る舞いをするものがある。

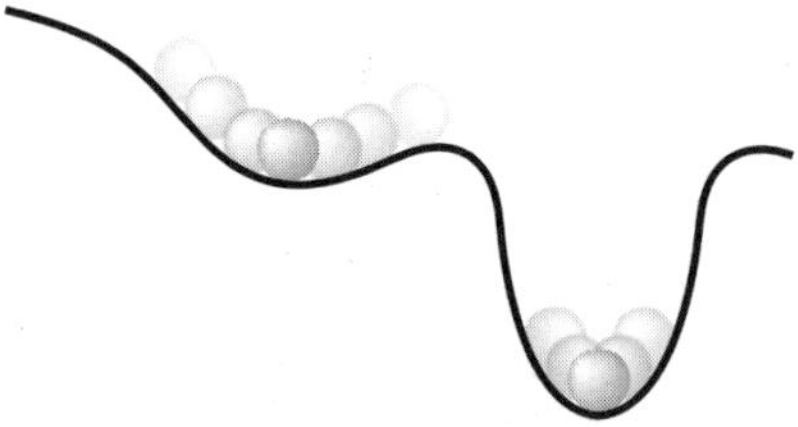

図１　レジリアンスの概念図

社会・生態システムを力学系で簡潔に表現する場合は、理論的には「社会」と「生態」という二つの変数を取りだし、時間を独立変数としてその二者の関係を記述する微分方程式で示せば良いこととなる。実際は、社会・生態システムは複雑なシステムであり、「社会」のなかには、政治・経済・科学技術・人口など、さまざまな変数が含まれ、都市や農村でもその機能が異なる。「生態」についても、生物的環境と非生物的環境、また両者の相互作用だけでなく、対象とする時空間スケールが多岐に渡ることを考えれば、社会・生態システムは無数のサブシステムによって構成されていることは間違いない。

ところで、安定性からレジリアンスを隔てる慣習は、生態学の常ではなかった。Pimm（1984）は安定性を表現する概念として、レジリアンスとレジスタンス（抵抗性）を取り上げ、それぞれを数理的に定義した。このような用語を物理学や数学の世界から転用したことが、当時は（今でも）レジリアンスの解釈に混乱をもたらす原因となっている。実際、二つを独立した安定性の評価軸としているものもあり、この場合のレジリアンスは回復速度という意味合いが強く、外力に応答するシステムの変数が負のフィードバックを引き起こす仕組み、すなわち、元の状態を維持しようとする働きを示す。レジリアンスを評価する尺度として回復速度を用いると考えれば、Holling（1973）が提唱したレジリアンスと齟齬はないが、この場合のレジリアンスをHollingは工学的レジリアンスと呼び、生態学的レジリアンスと区別した。

レジリアンスの客体が人間社会に限定され、その中のさまざまなスケールにおいて議論されることもある。心理学分野においては、レジスタンスはレジリアンスから区別され、個人・集団・グループあるいは社会全体が、緊急事態や集団災害に伴う臨床的な苦痛、損傷、機能障害に抵抗する能力のことであり、心理学的な免疫を示す。一方、緊急事態や集団災害によって、個人・集団・グループあるいは社会全体がトラウマを抱え、そこから脱却するプロセスがレジリアンスとなる（Nucifora ら，2007）。また、感染症では、病原菌の感染・増殖を抑える宿主の免疫抵抗をレジスタンス、感染後の宿主が感染による悪影響を抑制する能力をレジリアンスと呼ぶことがある。このことは、システムのレジリアンスはレジスタンスよりも長い時間スケールで観察する必要があることを暗示している。また、レジリアンスは、変化に対するシステムの頑健性（robustness）というよりも柔軟性（flexibility）の意味合いが強い。

レジリアンスの概念は、一九九九年に Resilience Alliance（RA）の設立を経て、再度整理され、洗練されていく。今日では、レジスタンスは後述するレジリアンスの特徴の一つとなっている（Walker ら，2004; Folke ら，2010）。この背景には、RA が編集・出版を行っている Ecology & Society という無料の電子ジャーナルの効果も大きく、レジリアンス論の主流がそこにある。

三　レジリアンス思考法の暫定的確立

社会・生態システムには系の内部で複雑な構造があるため、あるサブシステムに対し、他のサブシステムの変化も外力として作用する。RAは、古典的な安定性の議論に加え、さまざまなスケールを持つサブシステム間における相互作用を包括するため、panarchy（以下、パナーキー（注1））という用語をレジリアンス論に導入し、レジリアンス思考法を提案している（Walkerら, 2004; Folkeら, 2010）。パナーキーを含め、レジリアンスの特徴として左記の四つの属性がある。

①Latitude（許容度）：システムが変化しても回復力が機能する許容範囲。この範囲（閾値・限界点）を超えた変化は、回復が困難か不可能になる。

②Resistance（抵抗度）：システムを変化させることの困難さ（注2）。

③Precariousness（危険度）：システム現状の限界点への近さ。システム現状の危うさ。

④Panarchy（パナーキー）：システムの階層構造において、一つの階層レベルが他のレベルに影響される程度。階層構造のなかでスケール横断的な効果が起こる規模。

①～③は、〝安定性地形〟（stability landscape）と呼ばれる三次元空間で図式化され、④は大小さまざまな安定性地形が相互作用を起こす様子を示す（図2）。この四つのレジリアンス

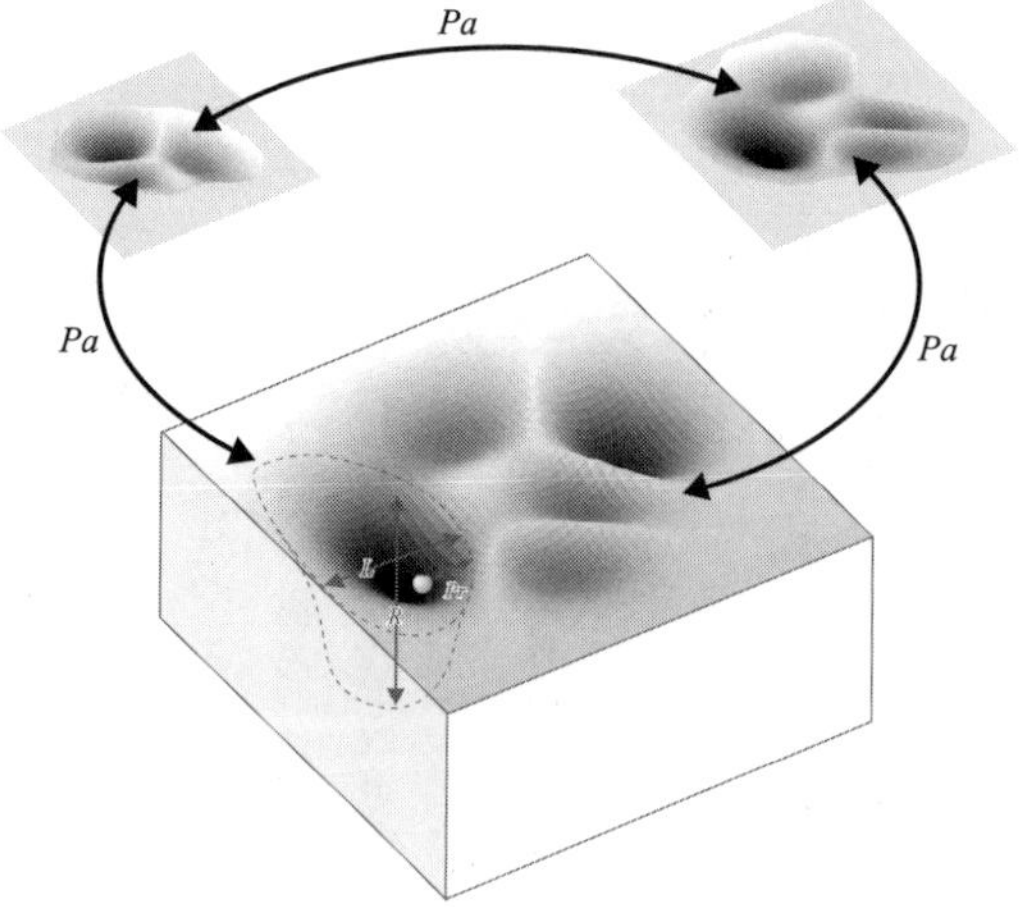

図2　安定性地形における許容度（L）、抵抗度（R）および危険度（Pr）。パナーキー（Pa）はスケールの異なるサブシステム間の相互作用を示す。Walker ら（2004）を参考に改訂。

の属性には、工学的レジリアンスとして扱われていた回復速度を直接的に示す尺度が明示されていないため、レジリアンスに関する時空間スケールをイメージし難いという問題もある。

安定性地形にある窪み（basin of attraction; アトラクション盆地）は、平衡状態へ遷移する傾向にあるすべての初期条件を構成している。社会・生態システムは常に動的であるため、厳密にアトラクターに達するというよりも、常にこの盆地のなかを彷徨っていると考えればよい。ただし、一つの盆地から、隣の盆地にシステムが遷移するとき、それは別のアトラクターが存在することを意味し、状況によってはシステムの多重平衡を検討する必要がある。盆地間での遷移をレジームシフトと読み替えることも可能であるが、レジームシフトは周期的な振る舞いをするアトラクターにおいて、その振動の位相の変化にも使われる用語であることに留意したい。

システムを構成している構成要素がシステムのレジリアンスに影響する能力をadaptability（適応能力）と呼ぶとすると、社会・生態システムにおいてレジリアンスを管理するのは実質的には人間である。適応能力はレジリアンスの部分集合である。現在、運用あるいは検討されている環境政策の大枠には緩和（mitigation）・適応（adaptation）・転換（transformation）政策の三つがあるが、これはいずれも人間社会の適応能力に依存する。①～④のレジリアンスの特徴に対応して考えると、レジリアンスを向上させるためには次の四つの戦略がある。

(a) ①を拡大させて、システムの現状を限界点から遠ざける、

(b) ②を深くして、システムの現状を限界点に近づきにくくする、

(c) ③を安全な場所に移動させ、システムの現状を限界点から遠ざける、

(d) ④を適切に管理して、レジリアンスの向上を図る。

(a)と(b)は安定性地形を改変することを意味する。(c)はシステムの軌跡を制御すること、(d)はシステム内の相互作用を変化させることである。なお、社会・生態システムの内部で

駆動する適応のための循環を adaptive cycle（適応循環）と呼ぶ。

レジリアンスと適応能力とともに、RA が掲げるものに transformability（転換能力）という概念がある。転換能力とは、生態・経済・社会環境の条件が現状のシステムを維持できなくなったときに、根本的に新しいシステムを創造する能力のことである。生態環境に限定すれば、生物の進化も生物の転換能力といえる。人類は、文明を起こす過程で、農業革命、産業革命、情報革命のような技術革命・革新（注3）を起こしてきたが（Handoh and Hidaka, 2010）、その変革を支えた生態環境を包括すれば、社会・生態システムの転換能力によって人間社会の転換も起こったという解釈が妥当であろう。文明や技術革命の発端は、全球で一律に起こるわけではなく、世界中に分布する地域固有の社会・生態システムの転換能力の独自性が具現化した結果と考えられるが、その背景には適応能力が機能していたことはいうまでもない。また、完新世（過去一万年）の気候状態は過去十万年のなかでは相対的に安定領域に入っていたと考えられるため（Rockström ら，2009）、社会・生態システムの適応能力および転換能力は地球システム総体のレジリアンスの内側で形成されてきたものといえる。

四　レジリアンスと持続可能性

「持続可能性」は、レジリアンスとは比べものにならないほど多義的に扱われてきた。レジリアンス論が力学系の理論を応用して発展した経緯で数学的にも表現しやすい学術的な整理がされてきたことに対し、持続可能性の背景には南北問題を中心とする政治的な色彩が濃く、九〇年代から"sustainable"(サステナブル)や"sustainability"(持続可能性)を看板にする大学や研究機関は世界で急増したものの、持続可能性の指標については合意に至るだけの確固たるものがない(Ostrom, 2009; Handoh and Hidaka, 2010)。

このような背景のなかで、持続可能性に関する新たな指標としてPlanetary Boundaries(PBs)が提案されている(Rockström ら, 2009)。PBs は、〝人間活動に対する地球システムの限界〟ともいうべきもので、レジリアンスの特徴の一つである許容度に相当する。いわば、人間活動に対する地球の収容力や、持続可能性論の展開に必要な地球システムの諸過程の理解を踏まえて、ガイア論における地球の自己調節機能に関連してレジリアンスを定量化する試みである。PBs は、気候変動、海洋酸性化、成層圏オゾンの減少、生物多様性の損失、窒素・リンの生物地球化学的物質循環、全球規模の淡水の利用、土地利用の変化と、未だに定量化に至っていない大気エアロゾルの負荷と化学汚染の九つの項目から構成されている。これらの項目は複雑な相互作用をする。したがって、気候変動、生物多様性の損失、窒素の物質循環はすでにその限界点を超えており、地球システムが不可逆な状態に陥っていることが真実であったにしても、当該項目それぞれに対応して我々が適応能力を発揮したところで済む問題ではない。各項目に対する指標のつくり方や限界値の設定（不確実性を含む）には当然議論の余地がある。たとえば、PBにおけるリンの物質循環の指標と限界値は、著者（半藤）らが白亜紀時代の海洋無酸素事変をリンと窒素と酸素の物質循環を支配する力学系で表現した際に、その外力が海洋に流入する大陸起源のリンであったこと、それがある閾値を超えることで定常解が振動解に分岐し、大規模な海洋の貧酸素化と有酸素化を周期的に起こすと予測できたことに基づいて設定されている（Handoh and Lenton, 2003）。この力学系では、淡水域におけるリンの挙動などはまったく考慮していなかったため、淡水域に着目してリンのPBを再考する動きもある（Carpenter and Bennett, 2011）。いずれにせよ、PBの各項目の指標や限界値は、そこに直接的・間接的に携わってきた研究の進行状況によって大きく左右されている。

ここで、気候変動のPBを例にとり、三節で取り上げたレジリアンスを向上させる戦略に対応させて人間社会の適応能力を考えてみたい。たとえば、緩和政策によって二酸化炭素の排出量を削減し、放射強制力と気温の抑制を図ることは、(c)（危険度を安全な場所に移動させる）に寄与して現状の危険度を下げることになるものの、(a)（許容度を拡大させる）と(b)（抵抗度を深くする）には直接的には寄与しない。現在、大気中の二酸化炭素濃度は350ppm未満および最大で+1 W/m² の放射強制力と設定されている気候変動のPB（許容度に相当）や、気候感度（抵抗度に相当）を変化させるためには、二酸化炭素やメタンの排出源やアルベド（地表面の太陽光に対する反射能）を支配する土地利用（被覆）を激変させる、あるいは成層圏にエアロゾルを散布して放射強制力収支に影響を与えるなどの、地球工学的な方法が必要になるであろう。この場合、さまざまな時空間スケールにおいて、自然界のプロセスや人間活動に変化をもたらすことになるので、(d)（パナーキーを適切に管理する）へは必然的に関与する。また、適応政策によって、温暖化に耐えうる社会システムを構築すれば、これも(c)に寄与して危険度を下げることになる。それでは、転換政策は不要なのであろうか？

転換にはシステムの内部で能動的に起こるものと、外部から強制されて起こるものがある。そもそもシステムに対する騒乱・擾乱には内在的なものもあり、外力と正のフィードバックを引き起こすものもある。気候変動などがその限界点を超えており、地球システムが不可逆な状態に陥っていることが真実であったとしたら、地球システムを構成しているあらゆる社会・生態システムは、すでにある程度は「転換している」、あるいは「転換する必要がある」ということになる。グリーンビジネスなどがその走りであろう。緩和政策のための地球工学も、その構想自体は、地球環境問題解決のために社会・生態システムの諸過程を定性的に変えるという点で、従来の排出量削減に比べれば転換政策に近いといえる。

五　巨大震災にかかわるレジリアンスとリスクガバナンス

転換の強制力は気候変動だけではない。東日本大震災の発端となった巨大地震とそれに続く津波、福島第一原子力発電所事故も、社会・生態システムの転換を誘発する強制力になっているのである。では、東日本大震災後の復興計画に、どの程度の転換政策を含めるのか?その構想で、これまでとは全く別の社会・生態システムの安定性地形を創造しているかというと、そこには疑問が残る。

前述のPBsの特徴の一つに、地震・津波などは直接的には含まれていないことがあげられる。換言すると、環境問題が注目される以前から地球科学者が研究対象にしてきた大規模な地球環境変動を含む「第三の環境問題」(立本, 2010)や人類の存在を脅かす類のリスクで自然起源のもの(Ćirkovićら, 2010)は、レジリアンスを前提に議論する持続可能性のフレームワークには組みこめないという見解になる。巨大災害地震・津波や火山の噴火に対し、

図3　岩手県大槌町市街地の被災前後の比較。左は2009年11月7日秋道智彌氏撮影、右は2011年5月1日窪田撮影。一部の構造物を除いて、大半の建物が流出した。また湾の中央にある小島につながる防波堤が倒壊した。

それそのものに緩和政策を講じるのは非現実的であるが、災害に対するレジリアンス思考法となると、過去の災害や復興の過程に対する研究にも頻出している（Tobin and Whiteford, 2002; Adger ら, 2005）。

被災地における社会・生態システムのレジリアンスを考察するために、岩手県の大槌町の被災前後の写真を比較してみよう（図3）。津波により、町の様相が激変したことがわかる。

いま、われわれは観察者であると仮定し、左と右の写真は、地域社会が正常に機能している状態とそうでない状態を示す二つのアトラクター（あるいはアトラクション盆地）であるとすると、地震・津波は、正常に機能している状態のシステムの許容度を超えて、正常でない状態に陥らせるほどの強い擾乱（外力）であったと考えられる。この解釈は、短期的にみれば妥当である。しかしながら、この地域における社会・生態システムが長期的視野に立って復興を遂げれば、一度は正常でない状態に陥ったとしても、それは許容度の範囲内においてレジリアンスが機能していたことになる。また、被災地の外にいるわれわれも、被災地の出来事について、日本国という枠のみならず、社会・生態システムにおいては利害関係者であるため、完全な観察者には成り得ず、被災地の復興計画や巨大震災を機に「人間社会の適応能力」や「社会・生態システムの転換能力」を示すシステムの構成要素である。

東日本大震災は、原発事故に象徴されるように、突発的な自然現象にはじまった災害が、人間の創り出した技術的に高度なシステムを危機的状況に陥らせるという複合的な災害であった点で、きわめて現代的な問題として特徴的である。たとえば放射能汚染のように、人類の生存そのものを脅かし、周辺の広い範囲で農林水産業の存続を困難にさせる状況が発生している。また、首都圏の計画停電や工場の損壊などによって、工業生産の面では世界的に影響が生じた。高度にグローバル化され、相互依存を強める工業生産体制は、むしろ社会・生態システムのリスクを高めている。災害において外力として働いたのは地震・津波であるが、これは社会・生態システムにおけるリスクである。三月一一日の地震→津波→福島第一原子力発電所事故の流れは、災害リスクの波及効果であり、それに対してどう応答できるかが社会・生態システムのレジリアンスとなる。

台風、集中豪雨、洪水などの巨大災害は、今後の地球温暖化などの気候変動によって、増える可能性も指摘されている。東日本大震災は、想定を超える部分にこそリスクがあることを示した。これまできわめて確率が低い事象として想定外とされてきた巨大災害によるリスクを軽減し、予想されない事態にも適応できる、あるいは転換するための地域設計が重要になる。これは、人間と自然系の間の相互作用環の変化に起因する地球環境問題であり、レジリアンスの概念の中で突発的な災害の位置づけを整理することで、PBs の議論にも災害に関する項目を取り込むべきであることを示唆している。

地震およびそれに伴って生じる津波は、防災という面ではきわめて対応の困難な事象である。地震自体は、活断層の位置の特定などにより発生場所のリスクはかなり詳細になりつつあるが、それでも発生時期に関しては現在もまったく予測不可能である。また、地震に起因する津波災害については、防潮堤を突破されると、津波到達までのきわめて限られた時間内で安全地帯まで待避するほかに対策がない。復興にあたってどのように安全な生活空間を確保するか、元の場所に町を復興しないという転換政策も考えざるを得ないほど、地域住民にとっても困難な課題が提示された。被災地となった三陸地方は、たびたび災害に襲われてきた地方であり、「過去最大の災害規模（既往最大）」を想定するという防災計画上では最大の対策が取られていたにもかかわらず、それを上回る規模の事象が起きた。

これは、観察者効果（Ćirkovićら, 2010）によるリスクの過小評価であったといえる。しかし、観察者が存続できないような巨大震災が過去に起こっていたら、それこそ社会の「記憶」にも人工物の「記録」にも残らないため、地層から判断して不確実性を伴う既往最大を想定するしかないということになる。貝塚や神社の多くは比較的高い場所に位置して、震災後も形を残しているという。ここに先人の知恵を垣間見ることもできようが、これも観察者効果の顕在化ともとれる。改めて地域の中でどのように施設の限界や避難の重要性を伝えていくかといった防災教育のあり方、さらには災害発生後の被災地の状況を的確に伝える手段や、原発事故に伴う放射性物質の移流・拡散予測に代表されるような情報の開示、伝達のあり方など、広い意味でのリスクコミュニケーションも重要である。

二〇一一年一二月二七日に発表された中央防災会議による防災基本計画の見直し案では、最大クラスと発生頻度の高い津波の二つのレベルを想定し、発生頻度の高いものを施設（ハード）で、最大クラスは避難（ソフト）でという、従来と同様な考え方が示された。しかし、五分程度で避難できることを考えろという。これは、原則的に危険なところに住むなということではあろうが、現存する都市を直ちにつくり替えるのは現実的には困難である。当面は、海岸沿いに「緊急時避難施設」が立ち並ぶことになるのだろうか。

筆者（窪田）が被災後に訪れた岩手県大槌町でのやりとりを見ても、疑問を感じずにはいられなかった。岩手県はほぼ全域で従来よりもさらに高い防潮堤をつくる計画で、大槌町では一四・五メートルが提案されている。田老の一〇メートルの防潮堤を見ても思うが、そこまでしなくてはならないのであろうか。日本の財政リスクが現実化している中で、津波に対しても施設に依存した「ゼロリスク」的な発想から一向に抜け出せていないように見える。高い防潮堤は、つねに風化する災害の記憶の中で、いつか施設への依存をつくり出し、ふたたび災厄を招くことはないだろうか。「津波の恐ろしさを忘れず、語り継ぐための街づくりこそが防災の原点。そのために海の見える町にしたい」という碇川豊大槌町長の発言（注4）が忘れられない。今回の規模の津波を想定して防潮堤を高くするにしても、さまざまなケースを考えて、予想される被害、必要なコストや時間、生活の質や環境への配慮などについて、住民の方々を中心に丁寧な議論がなされるべきであろう。

高度成長期の中で物質的な豊かさを獲得して来た日本では、「豊かさの飽和」が起きているように見える。その一方で、温暖化や遺伝子組み換え作物、さまざまな化学汚染など、社会・生態システムに関わるリスクが顕在化した。また、収入格差が拡大するなどの社会的なリスクも増大した。災害という面では、構造物の高度化を中心とした防災対策は、比較的頻度が高く生じる災害のリスクを減少させたが、東日本大震災のように想定された外力を超えた際のリスクはむしろ増大している。こうした状況にもかかわらず、日本社会では、豊かさを失うリスクに対する懸念が人びとの心の中で肥大化している。

リスクに対する認識と相対化が進んでいない日本社会では、いったんリスクによるデメリットが顕在化すると、とりあえずできる限りのことをしなければならないという議論に陥りがちである。社会・生態システムのレジリアンスを適切に機能させ、さらに向上させるためには、ゼロリスクという発想を見直す必要がある。避けられないリスクやその波及効果をどのように「記憶」に留め、統治（ガバナンス）するかが、被災地における復興計画の鍵になるであろう。

六　終わりのない転換

人類は、農業革命、産業革命、情報革命などの技術革命という転換を経てきた。この次の転換に太陽光発電の実用化による超エネルギー革命などを想定するのは難しくない。だが、この類の転換が行き着く先はどこにあるのか？

地球システムのレジリアンス考える際に、知的生命体の存在に関する〝フェルミのパラドックス〟（注5）が参考になるかもしれない。このパラドックスは、宇宙における生命体の進化を考えるとき、「確率的には地球人が他の知的生命体（地球外文明）と遭遇するはずなのに、現実にはそうでない」というもので、これに対する解として近年提案されているのが〝持続可能性説〟である（Haqq-Misra and Baum, 2009）：知的生命体は、高度な技術によって急激に個体数を増加させ、環境を破壊し、資源を食い尽くすために持続不可能になって、他の知的生命体と遭遇する前に絶滅する。あるいは、持続可能な発展を望むので、ある段階で成長が横ばいになり、母星から離れて他の知的生命体と遭遇するほどの生命圏拡大には至らない。知的生命体は、持続可能でない状態と持続可能であるという状態の二つのアトラクターのどちらに陥っても、他の知的生命体と遭遇しないという仮説である。地球における「人間社会の適応能力」や「社会・生態システムの転換能力」は、人間社会をどちらのアトラクターに向かわせるのであろうか？

筆者（半藤）らは、持続可能性を人間と自然系の相互作用環および共進化として捉え、未来可能性（futurability）を議論するなかで、人間と自然系の関係について〝持続可能な寄生から未来可能な相利共生〟というパラダイムシフト、いわば、社会・生態システムの根本的な転換を提案している（Handoh and Hidaka, 2010）。このパラダイムシフトを PBs と関連させると、「持続可能な寄生」とは、PBs に漸近するような人間と自然系の共進化として定義できる。しかしながら、人間文化の多様性を考慮すると、一元的な持続可能性に関する環境基準や PBs をすべての地域に一律に設定することは現実的ではない。「未来可能な相利共生」とは、多種多様な人間文化を維持する上で必要最低限な環境負荷を、地域固有の許容限界として定めるHumanity Boundaries（人間性豊かな地域社会を維持するための環境許容限界）に漸近させる人間と自然系の共進化を促す転換政策の実践になるのではないか。RAのFolkeら（2010）がいう〝小さなスケールの転換を起こすことで、大きなスケールのレジリアンスを導く〟ということを、地域固有の社会・生態システムにおける転換を促し、地球システム総体のレジリアンスを高める方向で運用することは可能であろう。巨大震災を機に、人類は地球システムに対する認識においてパラダイムシフトすることを要求されているように思う。

注1　19世紀のベルギーの経済学者Paul Émile de Puydtの論文『Panarchy』（1860）において、複数の政府が共存し、個人が自分の属する政府を常に変更できるような統治形態を示すために創られた造語である。
注2　感度の逆数と理解すればよい。
注3　農業・工業の起源は、革命・革新というよりも、ゆっくりとしたプロセスであったという解釈もある。
注4　『HUMAN　知の森へのいざない』第二号、特集2「被災地大槌町の過去、現在、未来」、

人間文化研究機構監修、平凡社、二〇一二年三月一四日発刊。

注5　二〇世紀の物理学者 Enrico Fermi が唱えた。フェルミは、放射性元素の発見により一九三八年にノーベル賞を受賞。

参考文献

立本成文（二〇一〇）「地球環境学総説」総合地球環境学研究所編『地球環境学事典』弘文堂

Holling, C.S. (1973) “Resilience and stability of ecological systems”, *Annual Review of Ecological Systems*, Vol. 4, 1-23.

Pimm, S.L. (1984) “The complexity and stability of ecosystems”, *Nature*, Vol. 307, No. 5949, 321-326.

Tobin, G.A., Whiteford, L.M. (2002) “Community resilience and volcano hazard; the eruption of Tungurahua and evacuation of the Faldas in Ecuador”, *Disasters*, Vol. 26, No. 1, 28-48.

Handoh, I.C., and Lenton, T.M. (2003) “Periodic mid-Cretaceous Oceanic Anoxic Events linked by oscillations of the phosphorus and oxygen biogeochemical cycles”, *Global Biogeochemical*

Cycles, Vol. 17, No. 1092.

Walker, B., Holling, C.S., Carpenter, S.R., and Kinzig, A. (2004) "Resilience, adaptability, and transformability in social-ecological systems", *Ecology & Society*, Vol. 9, No. 2, 5.

Adger, W.N., Hughes, T.P., Folke, C., Carpenter, S.R., Rockström, J. (2005) "Social-Ecological Resilience to Coastal Disasters", *Science*, Vol. 309, No. 5737, 1036-1039.

Nucifora Jr., F., Langlieb, A.M., Siegal, E., Everle Jr., G.S., Kaminsky, M. (2007) "Building resistance, resilience, and recovery in the wake of school and workplace violence", *Disaster Medicine and Public Health Preparedness*, Vol. 1, S33-S37.

Haqq-Misra, J.D., Baum, S.D. (2009) "The Sustainability Solution to the Fermi Paradox", *Journal of British Interplanetary Society*, Vol. 62, 47-51.

Ostrom, E. (2009) "A general framework for analyzing sustainability of social-ecological systems", *Science*, Vol. 325, No. 5939, 419-422.

Rockström, J., Steffen, W., Noone, K., Persson, Å., Chapin, F.S. III., Lambin, E.F., Lenton, T.M., Scheffer, M., Folke, C., Schellnhuber, H.J., Nykvist, B., de Wit, C.A., Hughes, T., van der Leeuw, S., Rodhe, H., Sörlin, S., Snyder, P.K., Costanza, R., Svedin, U., Falkenmark, M., Karlberg, L., Corell, R.W., Fabry, V.J., Hansen, J., Walker, B., Liverman, D., Richardson, K., and Crutzen, P., and Foley, J.A. (2009) "A safe operating space for humanity", *Nature*, Vol. 461, No. 7263, 472-475 ("Planetary Boundaries: Exploring the Safe Operating Space for Humanity", *Ecology & Society*, Vol. 14, No. 2, 32).

Ćirković, M.M., Sandberg, A., Bostrom, N. (2010) "Anthropic Shadow: Observation selection effects and human extinction risks", *Risk Analysis*, Vol. 30, No. 10, 1495-1506.

Folke, C., Carpenter, S.R., Walker, B., Scheffer, M., Chapin, T., and Rockstrom, J. (2010) "Resilience thinking: Integrating resilience, adaptability, and transformability", *Ecology & Society*, Vol. 15, No. 4, 20.

Handoh, I.C., and Hidaka, T. (2010) "On the timescales of sustainability and Futurability", *Futures*, Vol. 42, No. 7, 743-748.

Carpenter, S.R., and Bennett, E.M. (2011) "Reconsideration of the planetary boundary for phosphorus", *Environmental Research Letters*, Vol. 6, 014009.

放射性物質汚染と風評被害

関谷直也

一　風評被害とは何か

福島第一原子力発電所事故以降、「風評被害」といわれる社会問題が発生している。過去に「風評被害」とされた事例をまとめると、風評被害とは、ある社会問題（事件・事故・環境汚染・災害・不況）が報道されることによって、本来「安全」とされるもの（食品・商品・土地・企業）を人びとが危険視し、消費、観光、取引をやめることなどによって引き起こされる経済的被害である、と定義することができる。

なお「風評被害」とは、人びとのコミュニケーションから発生するうわさ（Rumor）によって起きる被害ではない。うわさは主に事件や事故、災害が起きた場所の近くにいる不安をもつ人びとの間で、人から人へ伝えられることによって発生する。そして、差別や誤情報の伝達など社会混乱を引き起こす原因となるものである。

一方、風評被害は新聞やテレビなどで事件や事故が大々的に報道されることで起きる。風評被害は報道の影響により、災害が起きていない場所の人によって引き起こされる。

風評被害とは、日本独特の言葉である。類似の事象として、Kasperson ほかが「リスクの社会的増幅理論（Social Amplification of Risk）」という概念を提示している。この概念は原子力事故や地球温暖化などの現実の脅威から発生する経済的影響、心理的影響、政治的影響などさまざまな社会的影響のプロセス全体を分析するものである。一方、風評被害は「安全」であるにもかかわらず被害が発生している部分を指し、日本の原子力発電は事故を起こさないという前提からつくられた言葉である。基本的に日本の「風評被害」という言葉は、もともとは経済的被害だけを指す（現在は、精神的被害を含めて使われる場合がある）という違いがある。

「風評被害」といわれる現象は「原子力」と密接に結びついている。そもそも風評被害は、原子力が関連する事故において、「安全である」にもかかわらずその土地の食品・商品・土地の関係者が被る経済的被害、おもに地元の漁業者が被る経済的被害を指す言葉であった。日本の原子力損害賠償法では「核燃料物質の原子核分裂の過程の作用又は核燃料物質等の放射線の作用もしくは核燃料物質によって汚染された物の毒性的作用」による経済的な被害は賠償される。放射性物質による汚染がないにもかかわらず野菜や魚が売れなくなる、取引を拒否されるという経済的被害を被った場合、もともとその損失の補てんはなされなかった。原子力損害賠償法ではそういった経済的損失は補てんされないことから問題視されはじめた現象である（注1）。

「風評被害」といって差し支えない経済被害は、一九五四年のビキニ水爆実験に伴う第五福龍丸被爆事件後のいわゆる「放射能パニック」が端緒である。第五福龍丸被爆事件の後、日本中に水爆実験による放射性降下物「死の灰」が降り注ぎ、魚介類も汚染され、検査によって問題ないとされて市場に出回ったマグロなどまでも売れなくなったという事件である。その後、一九七四年原子力船「むつ」の放射線漏れ事故や、一九八一年日本原子力発電敦賀原子力発電所事故、原子力関連施設の立地に伴う問題となっていった。

一九八一年の敦賀原発の事故の際は、人体に影響のあるほどの放射性物質による汚染はないとされ、原子力損害賠償法に基づく賠償はなされず、民事不法行為の一環として、日本原子力発電による直接交渉による補償ないしは民事訴訟により解決された。

この問題を解決するため、原子力発電所の立地においては「安全協定」の中に風評被害を明文化しておいて、いざというときには補償されるようにしてきた。北海道電力「泊発電所周辺の安全確保及び環境保全に関する協定書」（一九八六年締結）、「女川原子力発電所周辺の安全確保に関する協定書」（一九七八年締結）、青森県六ヶ所村核廃棄物処理施設「風評による被害対策に関する確認書」「原子燃料サイクル施設の立地への協力に関する基本協定書」（一九九一年締結）では風評被害についての記述がある。

放射性物質の放射線量は、ガイガーカウンターやモニタリングポストによって、測定値が明らかにされる。ゆえに、初期段階では放射性物質がどの程度飛散したかは、ある程度、科学的に確認できる。だから、放射性物質が飛散していない段階においては、科学的に「安全」であって、「危険」であるということは「風評」に過ぎない、といえる。このとき発生する経済的被害を「風評被害」と呼んできたのである。

すなわち、もともと「安全である」にもかかわらず発生する被害ということが、風評被害の前提であった。

一九九〇年代後半には、ナホトカ号重油流出事故や所沢ダイオキシン報道という、原子力事故以外の環境問題や災害でも風評被害という言葉が使われるようになってきた。

そして一九九九年九月に発生した東海村ＪＣＯ臨界事故においては、大規模な放射性物質の飛散はなかったにもかかわらず、多大な経済的被害が発生し、補償されただけでも百五十四億円の経済的被害が発生した。このとき、その主たる経済被害を「風評被害」と呼び、この言葉が定着していったのである。

なお、この一九九九年の東海村JCO臨界事故では、日本で初めて原子力損害賠償法が適用されることとなったが、これは科学技術庁（当時）が風評被害を原子力損害と見なさないというそれまでの方針を転換したからである。「風評被害」も原子力事故と相当因果関係のある「原子力損害」として解釈を変更し、賠償されることとなったのである。

二　風評被害の原因

では、風評被害の原因とは何だろうか。大きく分けて三つある。

一つ目は、メディアである。

ある社会問題が報道されるということは、ある土地、ある商品、ある会社に対する悪いイメージを、メディアを使って伝え続けるようなものである。「この土地は危険だ」「この商品は危ない」「この会社は危険だ」と報道されることは、経済的、マーケティング的に考えれば、事件や事故の報道の中で「この土地、この商品、この会社には問題がありますよ」という企業価値、商品価値を下げるような宣伝活動、「マイナスの広告」が行われているようなものである。

すなわち「負」の広告効果（広報効果）である。風評被害に抗おうとすることは、メディア産業の産業的基盤である「メディアとしての媒体価値＝広告効果」を否定することにほかならない。メディアに媒体価値があると考える以上、抑止することは不可能なのである。その意味で、風評被害は情報過多社会における自然災害、環境問題、食品汚染、経営悪化などの被害の、一つの形態であるということができる。

二つ目は、流通である。

日本および先進国の多くの国においては流通が高度に発達している。農産物に限らず、必ずといってよいほど「代替物」がある。日本全体で物流が発達しているということは、全国の市場が相互依存していることを示すと同時に、代替品を全国に求めることが可能であることをも示している。そして市場関係者・流通業者は何か事故や環境汚染などの問題が起きたとき、「『人びとが安全か危険かの判断がつかない状態では問題となっている食品・商品は忌避する』に違いない、だから売れなくなるだろう。だから値を下げよう。取引は遠慮しよう」と考えるのである。

ある事件・事故・環境汚染・災害に関して、あまり報道がされていない場合には、報道の影響を受ける人は多くない。だが、その問題についての関係者（市場関係者も含めて）は関心があるし、周りに話題にする人も多い。報道量が少なく、一般市民がその問題についてあまり知らない段階でも、市場関係者・流通業者は、その少ない情報にも強く関心を持っている。よって報道量が少ない段階でも「市場」は過剰に反応するのである。

流通の用語で「ブルウィップ効果」というものがある。ブルウィップとは遊牧民が家畜を導くときに使うムチのことである。ムチは、手の少しの動きが手元から離れたところでは大きくなって伝わる。ここから転じて、流通において、売り場から離れ、サプライチェーンの上流にいけばいくほど長期の需要を予測する必要があるので市場の変化に過剰に反応し、結果として需要の変動が増幅されてしまうことを指している。食品・商品の安全性が問題となってしまうような場合、少しでも問題があれば、流通の上流部では過剰な反応が行われるのである。

そして、そのような流通が過度に発達した社会においては、消費者には「選択の自由」がある。自分がほしい商品を買うことが前提である以上は、買いたくないものをあえて買う必然性はない。ゆえに、イメージが少しでも悪くなったものは、消費者の選択肢からははずされ、商品価値が下がるのである。

三つ目は、「安全」である。

現在の日本は「安全」であることが生きていく上での大前提となっている「安全社会」である。日本では「安全・安心」という言葉がよく使われる。「安全」が求められているというよりは、「安全」「安心」が当然のこととして成り立っている社会である。

すなわち以上の三つの理由、日本社会がマスメディアを中心として情報が大量に流される社会で、流通が高度に発達した社会で、安全が求められる社会である以上、風評被害が発生することは避けられないのである。風評被害は、現代社会における環境問題、災害、感染症、原子力事故による被害の一形態なのである。

この風評被害は、物理的、身体的被害ではなく経済的被害という意味で「間接被害」という言い方がなされることがある。だが、「経済的被害」だから間接被害といっているだけであって、これらの被害は、事故の直接的な影響によって発生した経済的被害であるということを、まず認識しなければならない。

三 風評被害と「安全」の基準

では、先述した「安全」とはどのような意味であるかを考えてみたい。

風評被害は、もともとは原子力発電所に関連する問題において放射性物質の汚染がなく、安全であるにもかかわらず生じる経済被害を指すことを先述した。

つまり、風評被害は、ある食品・商品・土地・企業などが「安全」であるとされることが前提になった上での経済被害を指す。この、「風評被害」において被害を受けた食品・土地・

商品・企業が「安全」と判断されるパターンとしては大きく分けて三つある。

第一に、巻き添えによる被害である。この場合、食品・商品・土地の「安全」が、そもそも問題とされていない。報道の対象になっておらず、汚染がまったく考えられていない「近隣の土地」「関連する食品・商品」まで、巻き添えになって忌避される場合のことである。

地理に対する人間の認識はきわめていい加減なものである。よく、テレビのバラエティ番組などで、地図上の県名を答えられないことが笑いの対象になるが、市町村レベルまで対象に含めれば、誰しも似たようなものである。行ったことのない土地の事情は、地理的なことを含めてなかなか分からない。いわゆる「土地鑑」がないからである。この関連するものが忌避される現象は「リスクの社会的増幅理論」では、ripple effectと呼ばれる。

第二に、自粛・遠慮である。危険性の有無というよりも、その観光地が被災地であることを考え、「自粛」や「遠慮」の気持ちで観光地を訪れないことが風評被害とされる場合だ。この場合も、その観光地が本来「安全」とされていることが前提条件であるが、訪問を避ける人もその地が「安全」であることを了解している点で、風評被害といわれることが多い。

第三に、「科学的安全」である。食品・土地・商品が「科学的・確率的に危険性がほとんどない、きわめて低い」とされる場合である。政府や自治体などの行政、関連企業に携わる人、科学者は、風評被害の影響を被っている食品・商品・土地について「安全である」

とやっきになって主張する。だが、情報が少ない、安全性が理解されない、安全宣言を出す主体が信用されない、などさまざまな理由から、それらが安全だとは思われない（主観的に安全か危険かはっきりしない）。多くの人びとには、安全かどうかを判断する術がないという「情報の非対称性」が存在する。ＪＣＯ臨界事故後の付近の農海産物、むつ事故や敦賀原発事故後の付近の海産物などが典型例である。

日本では、こうした原子力にまつわるもののほかに、二〇〇〇年以降は、食品を取り巻く「有害物質」「病原菌」に関して、よく風評被害が問題となった。Ｏ１５７問題、所沢ダイオキシン報道、ＢＳＥ騒動、ＳＡＲＳ騒動、鳥インフルエンザ、カキから検出されたノロウイルス問題などである。このように、一般の人たちにとって安全か危険かわかりにくい、直接目に見えない事故・汚染・災害などに関して、風評被害が多く生じている傾向がある。

また、風評被害におけるこの「安全」に関する議論として、いま一つ抑えておく必要のある概念は「許容量」である。

東京電力福島第一原子力発電所の事故においては「暫定規制値」という基準が設けられ、それ以下の放射性物質が検出されても「安全である」とされた。だが実際に放射性物質が飛散し、検出されたことは事実である。そもそも作付制限や年間被曝量の基準値など、安

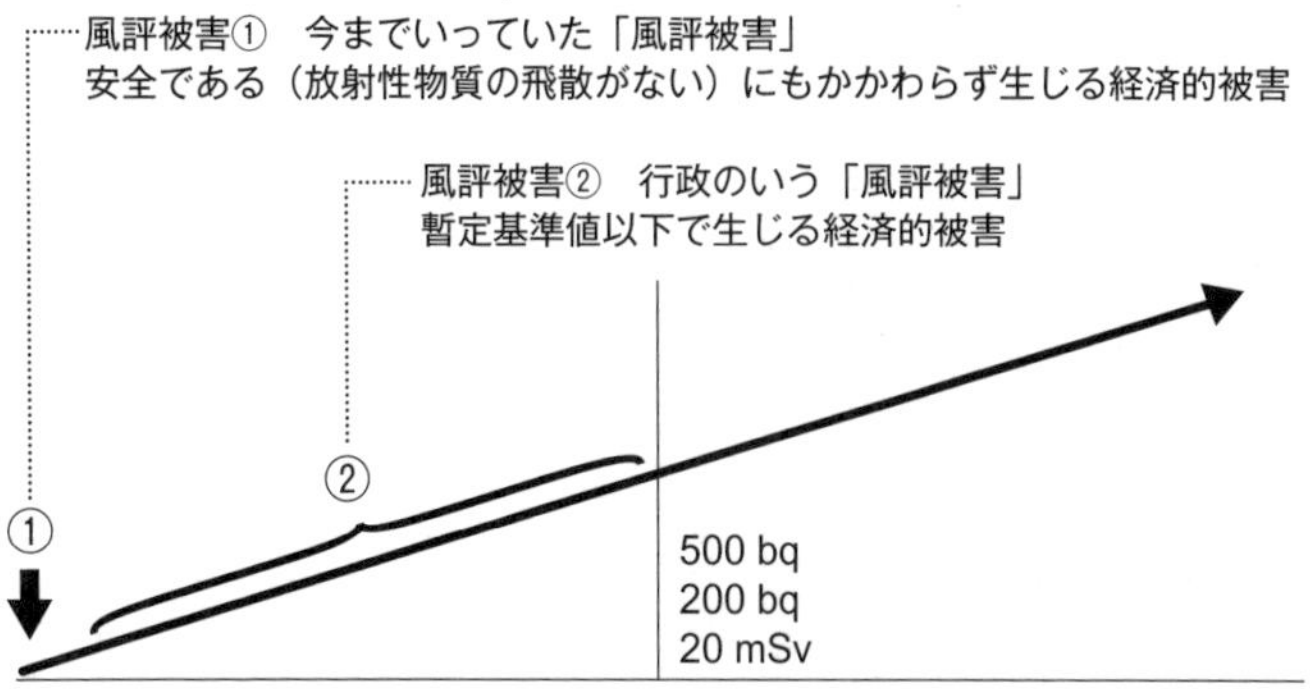

図1　二種類の「風評被害」

全性について、科学者や専門家においても議論が分かれるような状態では、問題が全くないわけではないので、これは風評被害の問題ではなく、社会として、個人として、どこまでリスクとして許容するか、という「許容量」の問題になる。実際に放射性物質の飛散による影響で不安になるのは当然で、これは従来の風評被害と分けて考える必要がある。

風評被害とは「安全であるにもかかわらず生じる経済的被害」には変わりがない。三月一一日の震災前までの段階で、この「安全」とは「放射性物質の飛散がない」ことを指していた（図1の①）。だが、三月一一日の後、公的に出荷制限をかけないという意味で、「安全」は「暫定基準値以下」を指すこととなった（図1の②）。すなわち、風評被害は「暫定基準値以下で生じる経済的被害」を指すようになったといえる。

この状況において、「許容量以下なので安全である」

のだから風評被害だという人もいれば、「許容量以下でも安全ではない」のだから風評被害ではない、という人もいる。すなわち「風評被害である」「風評被害でない」をめぐって議論するということは、風評被害についての議論が錯綜しているというよりも、安全に対する基準値の議論、許容量そのものが揺れているに過ぎないのである。

「放射性物質が飛散していない」ことがはっきりしていて「安全」であるもの（図1の①）が被る被害については、不安を払拭することで経済的被害を防ぐことが求められる。

だが、福島第一原子力発電所の事故のように、実際に「放射性物質が飛散している」もの（図1の②）については、人びとが不安をいだくのは当然で、これは、もともと二〇一一年以前に問題になっていた風評被害と性質を異にするものである。

なお、過去、JCO臨界事故、BSE、所沢ダイオキシン問題など風評被害が問題となった事例を鑑みれば明らかであるが、これらの事故や社会問題はいつの間にか人びとの間で忘却され、社会的に風化し、いつの間にか買われなかった商品も買ってもらえるようになる。多くの風評被害は、ある程度時間が経過し、メディアで取り上げられなくなれば、回復する傾向が強い。

なお、福島第一原子力発電所事故においては、数か月経過し、茨城県やほかの県では商品によってはある程度回復してきているが、福島県に関しては未だ事故前のような取引量、取引価格とまではいっていない。

四　東日本大震災後の風評被害

東日本大震災後に「風評被害」といわれた事例は主に三つある。

①生活物資が届かない

一つは、福島原発三十キロメートル圏内および隣接市町村である相馬市、南相馬市、いわき市などに生活物資が届かなかったことである。それぞれの自治体の首長は、この問題を「風評被害」だと呼んでいる。原発事故による放射性物質の飛散を恐れて、物資を運搬しなかったということがこの生活物資の停滞の主たる要因との判断からこのように解釈されている。だが、物流が滞った理由としては、企業の被災による営業停止、燃料不足、従業員の確保など複合的な要素も挙げられ、必ずしも原発事故だけが要因ではない。

ただ、政府から「安全」といわれる地域に住んでいるにもかかわらず、物資が手に入らない状況は大きな問題であった。

②安全な商品の被害

二つ目は、北関東の農作物について、放射性物質が検出され出荷制限が行われると、その後「安全」とされている農作物までも経済被害を受けたことである。出荷制限を受ける商品の安全性が強調されたため、かえって人びとの間で疑心暗鬼が生まれ、その結果として、放射性物質が検出されていない食品や、基準値以下のそのほかの食品までも売れなくなる風評被害を助長してしまった。

また福島県、茨城県沖でコウナゴから放射性物質が検出されたことによって、水揚げされた魚介類全般が取引拒否にあったことも同種の風評被害である。

③海外からの危険視

三つ目が海外から日本に対する風評被害である。

今回の地震と原子力発電所事故の影響は、海外からみて日本全国の危険視につながっている。青森県は、台湾の輸入業者の問い合わせに応じる形でリンゴの放射線量の測定結果を安全証明として添付するようにした。各国大使館は、職員の家族を日本から帰国させたり、オーストラリアやドイツなどは東京の大使館の機能を大阪の総領事館に移したりした。

国内のメディアにおいては、震災直後、災害ユートピア的な高揚感などを要因として、海外からの「救助のための派遣」「原発に対する協力」に焦点があたっていた。一方、その時期、海外のメディアにおいては当初の日本に対する哀悼の意の表明から、原子力発電所の処理に手間取っていることについて恐怖を煽る報道へと変わり、それが長期間続いていた。

そもそも、今回の東日本大震災における福島第一原子力発電所の事故は、メディア上は世界で最大の原子力事故である。チェルノブイリ原子力発電所の事故はスウェーデンで二日後に放射性物質が検出され、そこからソ連への追及として問題になっていった事故である。これに対して、福島第一原子力発電所の事故に関しては、津波で全世界の眼が日本に集まった後に、ほぼリアルタイムで全世界が福島第一原子力発電所事故の事態の推移をみていた。この影響は大きいといわねばならない。

このように、大きく分けて三つに分類される、東日本大震災における風評被害であるが、これら根本的な要因としては、政府や専門家によるコミュニケーション、マス・メディアの情報発信への不信感があった。

枝野官房長官（当時）は、事故直後の記者会見の中で放射性物質が検出された食品に関して「ただちに身体に影響はない」と発言した。また、原子力工学や放射線に関連する医学を専攻する専門家の中には「健康に影響はない」と発言する者も現れた。だが、福島第一原子力発電所事故という深刻な事態の中で、「安全だ」「大丈夫だ」という立場から説明しようとする政治家や専門家の主張や解説は心情的には受け入れられることは困難であった。

さらに事態を悪化させたのが、マス・メディアへの不信感である。放射性物質が東京の水道水から検出されるようになりはじめてから、新聞、テレビはこのことをこぞって報道する一方、人びとがパニックになるのを避けよう、ないしは、危険であるという意見と安全であるという意見のバランスをとろうとしたため、結果的に「安全」を強調するようなニュースや記事が多くなってしまった。これも結果的に人びとの不安をさらに煽ることに加担したといえよう。あまりにも事態が深刻すぎることから、必要以上に抑制的な報道になってしまったことも疑心暗鬼を生む土壌となった。

五　流通の課題

買い控えが起こると予想されれば、小売・流通業者は仕入れを減らす。その動きを見越して卸売業者もさらに仕入れを絞る。実際に買い控えが起こらなくても、「売れないかもしれない」という心配ゆえに、産品の供給経路が絶たれるのである。そして、疲弊している被災地の経済活動が、復興のきっかけを失くしてしまうことになる。

実際に放射性物質が検出されたもの、および風評被害を受けた商品に関しては補償を求めていくことはいうまでもないことなのだが、その前の段階が、今、福島県の人びと、福島県の企業、福島県の商品と関わる企業（と私たち消費者）に求められている。

会員制宅配事業「らでぃっしゅぼーや」では、放射線量の測定を自主的に行い、また第三者機関に依頼した検査結果を公表し、販売において産地を明示するようになった。その後、産地を明確に分けて販売したところ、選択肢がなかった週に比べ売り上げが１５０％、福島産シイタケが前年比で２３０％となったという。また、西日本と甲信越と北海道産の産地限定セット、同時に北関東・東北応援セットを始めたところ、双方ともに売り上げが伸び、年配の方を中心に東日本産を買う人も少なくなかったという（商業会、二〇一二）。

放射性物質の測定に関しては、二〇一一年一〇月の時点で自主検査を行っている企業、自主検査の体制をホームページなどで公表している企業は多いが、自主検査の結果を公表しているところは限られている。たとえば、「ユーコープ事業連合」は、検査をして「不検出」または「暫定基準値内」かどうかを公表している。「パルシステム生活協同組合」は自主基準を設定し、自主検査結果を公表している。だがごく少数である。

筆者は、「政府の暫定基準値を信じるべきだ」といいたいのではない。だからといって販売価格を下げた「特売キャンペーン」、単なる「安全・安心キャンペーン」が大事といいたいわけではない。また低線量被曝、内部被曝の可能性を考えて子どもや妊婦の摂取する食料について予防的にこれらを避けることを否定しようというのでもない。

売り手の側としては、さまざまな価値観や消費の自由を認めた上で、まずは徹底して線量検査・測定を行い、情報を開示することである。その上で、特定の商品・企業を差別せずに、公正に商品を販売していくことである。先入観で消費者が忌避し、商品が売れないと思い込み、特定の商品を購入・販売しない、特定の企業と取引をしないというのでは公正ではない。

直後に行われたキャンペーンや「被災地復興セール」も、直後は商品を流通させ、その安全性をアピールする前段階としては重要だ。だがより重要なことは、本来的には安くなっている商品を買うのではなく、通常どおりに流通に回っている商品を通常どおりの金額で人びとが買うようにならなくてはならない。そのために、安全であるのならば積極的に通常どおり、商品を粛々と流通していくのが社会的な責任である。

六　風評被害を防ぐ方策

では、風評被害を防ぐにはどうしたらよいか。具体的な方策として考えてみたい。風評被害の本来の定義にそって「安全である」のに経済的被害が発生しているという状態を前提に、一般論として考えてみたい。

①国外からの風評被害対策

まず、国外からの風評被害について考える。放射性物質が飛散していない商品、場所にもかかわらず、国外との商品取引が停滞したり、国外からの観光客が減少したりしているという風評被害について考えたい。

諸外国においては、日本の地理に不案内な人も多い。日本のどの地域で放射性物質の汚染が広がっているかについての知識がなく、このような拒否反応をしている場合もある。

二〇〇二年に中国の山東省と江蘇省から日本へと出荷された冷凍野菜から残留基準値を超える農薬が検出された。だが、そのとき問題になったのは「中国産」である。「〇〇省」はほとんど意に介されず「中国産」が一様に忌避された。

同じように「日本産」が拒否されているのである。「〇〇県」だから大丈夫といっても、海外の人すべてが日本の地理に詳しいわけではないから「日本産」「日本製品」というだけで忌避されるのもやむをえない。

政府は過剰な反応をとっている国に対しては、科学的な説明によって積極的に説得しなければならない。事故後、多くの取引において、取引相手が放射線量検査を求めてくる場合も少なくないが、それはその証拠を示せば輸入が可能ということでもある。政府や自治体は「検査結果の証明書」をより簡易に交付できる方策が必要である。

②国内の風評被害対策

国内の風評被害の対策としては何が必要か。

先ほど、風評被害の原因はマス・メディアなどを通じて情報が大量に伝えられていること（メディア）、日本全国に流通網が発達していること（流通）、人びとが「安全」を求めていること（安全）にあると論じた。日本のこの社会システムが変わらない限りは、風評被害の抜本的な解決は難しい。だが、風評被害の原因である三点が、解決策を考える糸口になる。

メディアについていえば、第一に、徹底して、きちんとした正確、詳細な情報を伝えていくことである。誰も、放射性物質によって汚染された作物を売ろうという生産者はいない。徹底した放射線量の測定とトレーサビリティーの確立、社会として合意しうる基準値の確立、また、その基準値に適合しないものについては粛々と補償がなされること、それらを促すような報道が求められる。

③共済・補償体制の充実化

次に、補償体制の充実化である。原子力事故の風評被害は、現在は、ある程度の金額までは原子力損害賠償法に基づく原子力損害賠償制度によって賠償がなされる。そうした加害者による賠償が第一義的になされるのはもちろんである。だが風評被害の問題の解決については、経済的被害である以上、被害者救済の観点からは、法的責任論に基づく賠償だけではなく、「損失補償」の観点も重要である。

今回のような原子力事故の賠償に限らず、長期的に風評被害の問題を解決するためには、業種ごとに、同じ市場で商売を行う者どうしで支えあう共済制度、保険制度などのセーフティネットを整備すべきである。これまでの例でみれば、被害にあうことが多いのは農林水産業や観光業が多い。これらの業種は、ある地域の売り上げが落ちれば、他の地域の売り上げが上がる。震災後、西日本の農作物の値段は上昇、取引量は増加傾向にあった。流通における「ワークシェアリング」的な発想が必要ではなかろうか。

人災に限定すれば、何か問題が起こったときに、法的解決に委ねればいいというのも一つの考え方であるが、原資がある場合は補償がより行われやすいということも事実であり、このような現実的解決策も対策の一つとして考慮に入れておく必要がある。

④補償原資の確立

では補償の原資を確保するためにはどうすればいいか。今回の災害については、風評被害は原子力損害賠償法のスキームの中で補償されることになっているが、今回の事故を教訓に、今後の風評被害対策として一般的に考えてみたい。

共済制度や保険制度を整備することである。すでに風評被害に関する基金化がなされている地域としては、香川県直島の産業廃棄物処分場、青森県六ケ所村の核燃料廃棄物処分場があげられる。補償の原資があることで、より速やかな補償を促す利点があるといえる。直島の場合は、直島における年間漁獲高五十億円を目安に、県により三十億円が計上されている。青森県六ヶ所村の場合は、地域振興を目的に設立されたむつ小川原地域・産業振興財団を受け皿に、日本原燃サービス、日本原燃産業が百億円を出資しており、これが原資となって基金とされている。制度的に存在し、不可能ではない。

また、風評被害の加害者、被害者の形態は、実際は、ある程度の特徴がある。

第一に、ある特定地域における風評被害の場合は、原子力施設、産業廃棄物処理施設、石油関連業など、加害者側の「業種」に特徴がある。

第二に、被害者側としては、火山などの自然災害や感染症などの食品問題を含めて、主として、ある特定地域の農業、漁業、食品業界、旅行・観光業など被害を受けやすい「業種」に特徴がある。この二点に着目すれば、補償政策のあり方を考えることができるのではないだろうか。すなわち、加害者ごとに強制保険制度を確立し、被害者ごとに共済制度・補償制度を確立することが可能であろう。

以下、(a)加害者側、(b)被害者側に分け、補償の元となる原資を整える仕組みを提案する。

(a)加害者側の強制保険

現在、原子力、石油のタンカー事故に関してのみ強制保険制度が存在する。原子力事故については、原子力損害賠償法に基づく制度が不十分であったために、現在、原子力損害賠償支援機構法が制定され、スキームの変更が行われた。つまるところ、補償や賠償の枠組みが整備されることが、いずれにしろ必要になるのである。

今後、問題になる業種は、産業廃棄物処理業および家電産業と化学関連業であろう。特に今後、土壌汚染対策法などに関連して、さまざまな「風評被害」とよばれる問題が起きてくると思われる。リスクを分散させる意味でも、加害者側の保険制度を業界あげて整えるべきであろう。任意の賠償責任保険も大企業にとっては有用だが、経営規模の小規模な事業者にはなじまない。不公平が生じないよう、業界に対する強制的な制度化、補助金や税制緩和措置など政策的誘導が重要である。

(b)被害者側の共済制度、補償制度

被害者側の補償制度を考える上で、重要なことは「加害者の不特定性」である。加害者が特定されている場合は問題ないが、公害問題に典型的な複数の産業廃棄物処理場に由来する場合などは、加害者を明確に特定することが難しい場合が多い。感染症や自然災害などの場合は、そもそも加害者を措定できない。また、旅行業などの場合、原因との相当因果関係の立証、被害額の立証が難しい。

とりわけ被害が起こる確率が高い業種は、農業、漁業、食品業界、旅行・観光業である。ゆえに、業界団体で共済制度を確立していくのが望ましいと考える。

農業では、自然災害、作物伝染病などに関しては一九三九年制定の農業保険法、一九四七年制定の農業災害補償法にもとづく一九四八年設立の㈳農業共済保険協会、一九五〇年設立の全国農業共済協会による補償がある。漁業では一九六四年の漁業災害補償法制定にもとづく全国漁業共済協会連合会による補償がある。しかし、これらは台風、地震など自然災害による被災および収穫減、市場価格の自然減などを前提としており、人災である風評被害による損害に対しては、民事問題とされ補てんはなされていない。農業・漁業に関しては、この制度を補完する形で風評被害を補償していくことが可能ではないだろうか。

旅行業・観光業に関しても同様の制度が望まれる。特に火山周辺に位置する温泉に関連する観光業の場合は、レジオネラ菌、噴火後の風評被害など経営上抱える問題点は農業・漁業と類似しており、制度的に確立しやすいと思われる。

共済支払い後、加害者側が存在し、民事賠償として請求可能であるならば、団体として賠償請求することなども考えられるであろう。公害の健康被害救済の場合は、行政が仲裁に入り「あっせん」することもよくあるから原理的に不可能ではない。

なお、風評被害に関しては、被害者にとっては損害賠償交渉そのものが大きな負担となる。専門家ではないからである。福島第一原子力発電所事故の損害に関しては、農業については農協が窓口となって一括で交渉にあたっているし、それ以外は原子力損害賠償紛争解決センターがADR（裁判外紛争解決手続）を行っている。賠償交渉の手続きをどこかの団体が肩代わりするというのも、この風評被害対策の一環であり、共済・補償体制を整えることは、これを間接的に実現することでもある。

セーフティネットがない状態のまま、補償されるかどうかわからない加害者側の賠償に頼っていては、行政や生産者は風評被害を最小限に抑えようという方向を目指すことになる。すなわち、短期的には行政や生産者は情報を積極的に公開しないという方向性にすむ。その結果、消費者においては疑心暗鬼が生まれ、情報を信じられなくなるという状態を生み、余計な不安を広げることになる。

そのような状態を防ぐためにも、積極的に検査を行い、その情報を公開していくことを促す前提として、積極的な補償の枠組みを構築することが重要になるのである。

七 おわりに

情報過多な社会、安全を求める社会、流通が発達した現代社会において、「風評被害を起こさない」というのは不可能である。「風評被害は起こりうる」という前提でダメージをコントロールするという発想が重要になろう。すなわち上述した基金や共済などのセーフティネットを確立することである。

消費者のニーズに沿って、環境汚染の実態を測定し、消費選択のための情報を公開していくこと、食品流通におけるトレーサビリティと詳細な産地表示の確立、社会として合意し得る基準値の確立が求められる。

そして、基準を超えた場合（実害）、基準値以下の場合（風評被害の場合）のいずれにおいても、粛々とすみやかに補償がなされることである。補償が担保されることで、情報開示が促進される。補償は情報開示に結びつく。

目下、福島第一原子力発電所事故に関していえば、消費者のニーズに沿って、線量検査・測定を徹底的に行って消費選択のための情報を公開していくこと、商品を差別しないこと、公正に扱われることが求められている。

注1　なお、ここで風評被害を考える上で「賠償」と「補償」の考え方について付言しておきたい。従来、風評被害の議論においては、もともと安全であるものを消費者が買わない、旅行者が訪れないことによって生じるものであって、事業者側にそもそも責任があるのかということが議論になってきており、「補償」という言葉が使われてきたという経緯がある（たとえば「風評被害」という言葉を明記して、この問題の措置について初めて定めた一九八六年北海道電力泊原子力発電所安全協定「泊発電所周辺の安全確保及び環境保全に関する協定書」においては、「（風評被害に係る措置）第一六条　丙（北海道電力）は、発電所の保守運営に起因する風評によって、生産者、加工業者、卸売業者、小売業者、旅館業者等に対し、農林水産物の価格低下その他の経済的損失（以下「風評被害」という）を与えたときは、補償など最善

の措置を講ずるものとする。」と補償という言葉が使われている)。すなわち、本文で議論している風評被害が「安全であるにも関わらず生じる経済的被害」とするならば、事業者側の責任か、流通側の責任か、消費者側の責任かはあいまいであり、このことが風評被害の補てんに関する問題を複雑にしてきたのである。

法律上、「賠償」は過失や故意など違法な行為によって生じた損害を補てんするものであり、「補償」は違法性を前提とせずに生じた損害を填補することを指す。原子力損害賠償法は、原子力事業者が無過失・無限の「賠償」責任を負っているので、本来的には責任論の議論を抜いても「賠償」という言葉を使うべきという立場もある。JCO臨界事故、福島第一原子力発電所事故などにおいて、風評被害も、一定限度において原子力事業の損害賠償に含まれると考えられる以上は「賠償」という言葉を使うべきとの意見もある。

本稿においては、結論部で再度議論するが、この風評被害については「責任論」の議論よりも、経済的被害の補てんが風評被害問題の解決に結びつくとの立場から、この「責任論」の問題には立ち入らず、原子力損害賠償法上の賠償以外については基本的に「補償」という言葉を用いる。

参考文献

三宅泰雄・檜山義夫・草野信男監修（一九七六）『ビキニ水爆被災資料集』東京大学出版会
川上善郎（一九九七）『うわさが走る——情報伝播の社会心理』サイエンス社
倉沢治雄（一九九八）『原子力船「むつ」虚構の航跡』現代書館
館野敦・野口邦和・青柳長紀（二〇〇〇）『徹底解明　東海村臨界事故』新日本出版社
廣井脩ほか（二〇〇一）『1999年JCO臨界事故と住民の対応』東京大学社会情報研究所調査紀要15
廣井脩（二〇〇一）『流言とデマの社会学』文芸春秋
横田一（二〇〇一）『所沢ダイオキシン報道』緑風出版
早川洋行（二〇〇二）『流言の社会学——形式社会学からの接近』青弓社
関谷直也（二〇〇三）「『風評被害』の社会心理——『風評被害』の実態とそのメカニズム」『災害情報』No.1　日本災害情報学会　七八—八九頁
関谷直也（二〇〇四）「『風評被害』の法政策——『風評被害』補償における法的論点・対応策とその改善案——」『災害情報』No.2日本災害情報学会 一〇二—一一三頁
商業界（二〇一一）『商業界』二〇一一年一〇月号

関谷直也（二〇一一）『風評被害　そのメカニズムを考える』光文社新書

Kasperson, R.E. (1992) "The Social Amplification of Risk : Progress in Developing an Integrative Framework", Krimsky, S. and Golding, D.(Ed.), *Societal Theories of Risk*, Westport, CT, London:Praeger, pp.153-178.

Renn,O., Burns,W.J., Kasperson, J.X., Kasperson, R.E. and Slovic, P. (1992) "Social Amplification of Risk", *Journal of Social Issues*, Vol. 48, No. 4, pp. 137-160

Nick F. Pidgeon, Roger E. Kasperson, and Paul Slovic (eds.) (2003) *The Social Amplification of Risk*. Cambridge: Cambridge University Press.

Jeanne X. Kasperson, Roger E. Kasperson, *The Social Contours of Risk: Publics, risk communication and the social amplification of risk*, London; Sterling, Va. : Earthscan.

第二部

3・11現場からの報告

災害における木材の役割——木造仮設住宅建設を通して——

竹中雅治

はじめに

「天地号泣」——東日本大震災が発生する一か月ほど前に、たまたま手にした山下文男著『津波てんでんこ　近代日本の津波史』（新日本出版社）に掲載されていた、明治二九年発生の明治三陸大津波を取材した新聞記者の記事に記されていた言葉である。今回の東日本大震災が発生して一週間後に、宮城県南三陸町に震災後はじめて足を踏み入れたときに、この言葉の意味が理解できた。この現実を受け止め、自らは何をすべきか。何を目指すのか。苦悩の日々が今もなお続いている。その中でも人との出会い、新たなネットワークの形成に光を見いだしたが、一方で放射能という抗し難い現実にも直面している。

一 「あの日」を境に……

震災発生

震災当日は、宮城県登米《とめ》市にある私の職場・登米町《とよままち》森林組合の通常総代会の日であった。肌寒くもよく晴れた日だったと記憶している。午後一時三〇分、地域を代表する総代四十三名と、来賓・表彰者十三名、役職員二十二名の計七十八名が、森林組合事務所二階の集会場に集まり、議事を進行していた。

議事は順調に進み、第七号議案を審議していた午後二時四六分に地震が発生した。揺れを感じる一〇秒くらい前からであったろうか、遠くから次第に近づいてくる低く鈍い地鳴りの音に、会場は騒然となった。その直後、いきなり強い揺れが襲ってきた。あまりの揺れの大きさに、近くの机にしがみつくしか何もすることができなかった。机の下に潜りこむ人、柱にしがみつく人、それぞれだったが、声を出す人は誰ひとりいなかった。人は本当の恐怖に遭遇したとき言葉を失うということを知った。いつまでも止まない揺れに足が震えてきた。激しく揺れていた電灯が数回点滅して消えた。揺れが弱くなったと感じた次の瞬間、さらに揺れが襲ってきた。この事務所は大丈夫だろうか。阪神淡路大震災のときのテレビ映像が頭に浮かんだ。地震でこれほどの恐怖を感じたことはない。

いったいどれほどの時間が経過したのだろうか。体感的には五分以上に感じた。見える範囲で大きな被害がなかったこともあり、通常総代会に出席していた人びとはみな、思いのほか冷静だった。議長の機転によって全議案が一括上程され、出席者の異議なしの声で可決承認された。参加者は不安の表情を浮かべながらも落ち着いた足取りで家路についた。また来賓として出席していた自治体職員は、携帯電話がつながらず状況が掴めない中、不安げに役場へと急いだ。

通常総代会の参加者が帰り、閑散とした会議室の中で、私はいまだ何が起こったのか理解できないでいた。階下の事務室に行くと、パソコンのモニターが倒れ、棚の書類が床一面に散乱しており、その有様に呆然とした。ラジオをつけても強い地震があったことと津波に警戒するようにとの放送が繰り返し流れるだけで、状況が一向に把握できなかった。

職場内の安全を確認して、通常総代会終了後に予定していた懇親会用の食事を職員一同で分け、明日職場に来ることができる者のみ集合することとして、解散した。

家路につく頃からぱらぱらと雪が降ってきた。凍てつく寒さの中、車を進めながら見た町の光景は今でも強烈に目に焼きついている。みやぎの明治村として歴史的建造物が多くある登米町の門塀が無残にも倒れ（写真1）、土倉が傾き、人びとは呆然と立ちすくんでいた。

雪降る寒い中で時間が止まってしまったように感じた。さらに車を進めると、橋梁には車がやっと乗り越えられるほどの段差ができ、マンホールが地面から飛び出している景色があちらこちらで見られた。家まで普段は40分程のところを、道路の損壊や渋滞で二時間以上を要した。

家に帰ると、その日の朝方に亡くなった愛犬の亡骸の脇に妻が一人寂しく座りこんでいた。寂しさと恐怖と不安でどうしたらよいのかわからなくなっていたのであろう。

写真1　登米町の被災の様子
撮影日　2011年3月11日
撮影地　宮城県登米市登米町

震災の前日、我が家の愛犬がぐったりと倒れこんでしまった。妻と二人で急ぎ動物病院に連れて行った。獣医からは助かる見こみが少ないことを伝えられ、今までともに過ごしてきた日々を振り返りながら、後ろ髪をひかれる思いで、愛犬を獣医に託して深夜帰宅した。愛犬が亡くなったとの電話があったのは、震災当日の朝六時頃だった。職場に遅れる旨を伝え、動物病院で冷たくなった愛犬を妻と二人で引き取った。子どもがいない私たち夫婦にとっては、まさしく家族そのもの、子ども同然であった。悲しみで胸が張り裂けそうになりながらも、泣き崩れる妻と愛犬を家に残して職場へと向かった。このときは、これから巨大地震が襲いかかるとは夢にも思わなかった。今にして思うと、震災という過酷な状況がなければ、もしかして家族同様に過ごしてきた愛犬の死を受け入れることはできなかったかもしれない。裏を返せば、それほどまでに震災の衝撃が大きかったのだ。

座りこんでいた妻の肩を抱き、安心させてから、家の中を見回すと、家具が倒れ、本や食器が床に散乱していたが、幸いにも建物に大きな被害はなかった。しかし、町内の様子を見て回ろうと一歩外に出ると、水道管が破裂して道路は冠水し、液状化によって電柱が50㎝近く沈みこんだり舗装が大きくめくれ上がっていた。また、近所のブロック壁が至るところで倒壊していた。

その日の夜は、職場から持ち帰った食料を食べ、寝床についた。しかし、頻繁に続く大きな余震に眠れるどころではなかった。

天地号泣――我が目を疑う現実と決意――

震災翌日、ラジオから聞こえてくる惨状に我が耳を疑った。巨大な津波が三陸沿岸を襲い、死者が数千とも数万ともわからない状況と伝えていた。家の中に散乱する物の整理を妻に任せ、とりあえず職場に向かった。職場が位置する登米市登米町は古くからの城下町であり、町内会や結による人びとの絆がしっかりとした地域である。そのためか震災翌日には公民館を避難所として炊き出しが行われていた。また主要信号機には発電機が設置され、生活、交通ともに比較的落ち着いた状況だと感じた。一〇時頃にはすでにほとんどの職員が職場に到着していた。職員の車に装着されていたテレビで、三陸沿岸の津波被害の様子を目にし、言葉を失った。職員から伝えられる震災の状況を受けて、一週間の臨時休業とすることを決めた。臨時休業の一週間は水の配給を受けたり、食料を確保したり、あるいは自治会の震災対応などに追われた。

臨時休業が明けた三月一八日、職場に到着後、残りのガソリンを気にしながら、津波被害を受けた隣接の南三陸町に車を向けた。そこに広がる光景は、まさに無残としかいいようがなかった。町からほとんどすべての建物が姿を消し、骨組みだけになってしまった防災庁舎が痛ましい姿をさらし、つぶれた車やがれき、言葉にすることすらできないありとあらゆるものが至る所に散乱していた。あまりの惨状に、わずか数時間の出来事から引き起こされたとはとても信じられなかった。

しかし、この現実を目の当たりにして、自身が生きている、生かされているという事実を改めて感じたとき、「自分にできることは何か」、「何をしなければならないのか」という漠たる思いがこみ上げ、それを心の中で繰り返し問い続けた。

二　森林林業が受けた痛手

震災によって、宮城県の森林林業は大きな打撃を受けた。人的な被害としては、宮城県内の十六の森林組合および森林組合連合会では、作業班員二名死亡、役職員および作業班員百六十六名が避難所生活・仮設住宅住まいを余儀なくされた。また家族四一名が死亡または行方不明となった。

生産面の打撃も大きかった。宮城県は、一人あたりの森林面積、すなわち森林率をみると、全国平均と大差ないが、スギ素材生産量、国産素材需要量が全国でも突出して高く、林業県の一つといえる。この生産量、需要を支えている大きな柱が、宮城県沿岸部・石巻市にある合板工場であり、宮城県のスギ素材生産量の実に35・4%が合板仕向けである。

東日本大震災により、石巻市にある合板工場は甚大な被害を受け、執筆時点でいまだ復旧途上である。結果として、宮城県はスギ素材の35・4%の行き場を失い、津波被害を受けない内陸部にも大きな影響を与えた。また、宮城県と岩手県の沿岸部にある合板工場で全国の約29%を生産していたことから、震災後の仮設住宅建設や復旧復興需要にダメージを与えた。

さらには、沿岸部の森林も被害は甚大であった。海岸林を中心とする森林および林地の流失など直接的な被害のほかにも、海水の浸水や冠水による森林・林木への影響が見受けられる。スギの針葉が丸まって褐色から灰色へと変色して枯損状況を呈すほか、病虫害の被害が予想以上に進行しており、ヒメスギカミキリ等の被害が顕著である。

国土が狭くて人口が多い日本は多くの資源を海外からの輸入に頼っているが、木材は日本でも生産ができる資源である。このような震災のときこそ、成熟した森林資源を有効に活用していくべきである。

三　木造仮設住宅の建設

森林資源活用に関する提案書
震災から一週間が経過すると、職場の電源と電話回線が復旧し、少しずつではあるが業務を再開することができた。しかし通勤や業務に必要なガソリン、軽油をなかなか手に入れることができず、林野パトロールや電話応対をする程度の業務しかできなかった。また通勤距離が長い私は、一日おきに職場に宿泊しながらの勤務が約一か月続いた。

職場の業務再開とほぼ時を同じくして、森林を活用した健康づくり・森林セラピー事業でお世話になっている東京の㈳国土緑化推進機構政策企画部の木俣氏から、阪神淡路大震災、新潟県中越地震の際に森林・林業分野で行ってきた災害復旧・復興の支援実績を活かしたプランの提案を計画している旨の連絡が入った。この連絡を受け、私は勇気づけられ、自身もしっかりと取り組んでいかなければならないと心に誓った。

震災から約二週間後に届いた提案書には、災害救助、災害復旧、そして将来を見据えた復興の三段階に分け、それぞれの段階での具体的な対応策が詳細に記載されていた。行政等による組織的・大規模な支援、あるいは企業やNPO等による個別的な支援策の状況を踏まえたうえで、地域のニーズと森林・林業分野の強み（専門性あるモノ・ヒト・カネ）をマッチングさせ、それにより地域と全国の森林・林業再生に貢献するという一貫した流れがあった。また「災害救助法」「被災者生活再建支援法」「日本赤十字社法」等に関する法的枠組みについての整理資料までも添付されていた。

未曾有の大災害の中にあって、この提案書のすべてが実行されたわけではないが、災害救助、災害復旧という混乱期に、明確な道しるべとして心の支えとなった。なかでも、提案書の中にあった「木造仮設住宅」「木製組立家具キット・組手什《くでじゅう》」という二つのキーワードに、私は大きく心を動かされ、それから約半年のあいだの業務を決定づけるほどの大きな影響を受けた。

立ちはだかる壁

しかし、木造仮設住宅の建設を行うことは決して容易ではなかった。木造仮設住宅を推進する上でもっとも大きな障壁は、各県と㈳プレハブ建築協会のあいだで取り交わされている「災害時における仮設住宅の建設に関する協定書」であった。

仮設住宅建設に関して法的根拠となる災害救助法では「都道府県知事は、救助の万全を期するため、常に、必要な計画の樹立、強力な救助組織の確立並びに労務、設備、物資および資金の整備に努めなければならない」、「救助の種類は次のとおりとする（1）収容施設（仮設住宅を含む）の供与（以下略）」とあるのみである。また、日本赤十字社の仮設住宅の設置に関するガイドラインにも、仮設住宅の供与対象者、建設期間、費用限度、住戸タイプ等が規定されているだけである。つまり、災害救助法、日本赤十字社のガイドラインともに、仮設住宅がプレハブでなければならないという根拠は示されていない。

しかし現実には、各県とプレハブ建築協会のあいだで取り交わされている協定書に基づき、プレハブ建築協会から定期的な供給能力の提示がなされている現状では、プレハブ建築協会以外の業者が参入することは困難であった。事実、四万八千三百戸の仮設住宅が建設された阪神淡路大震災、同三千四百六十戸の新潟県中越地震のときも、一部の民間寄贈のものを除いて、公的にはプレハブ建築協会以外の仮設住宅は建設されてこなかった。

しかし今回の未曾有の大災害においては、岩手、宮城、福島の被災三県で必要となる仮設住宅戸数が膨大な数に上ることが見こまれる中、(二〇一一年一二月五日現在 国土交通省住宅局資料五万二千二百五十五戸)、四月一日、大畠国土交通大臣(当時)から「被災地域の復興支援の観点も踏まえ、地域の工務店などの建設業者による地域材を活用した住宅などを仮設住宅として活用するよう各県の取り組みを支援すること」との指示が発せられた。この大臣指示は大きく報じられることはなかったが、プレハブ建築協会以外の仮設住宅建設に道を開く画期的なものであったと思う。これを受けて被災三県での仮設住宅の一般公募が実現し、宮城県においても四月一九日に、「仮設住宅の提案に係る事前整理受付」が開始された。

仮設住宅申請

私たちも宮城県への申請に向けた準備を開始したが、その時点で震災後徐々に建設されていくプレハブ仮設住宅に、私はとても違和感を覚えていた。第一に、建設従事者の関係車両がみな他県ナンバーであったこと。その一方で、近所のハローワークには職を求める長蛇の列ができていた。プレハブ仮設住宅の建築は現場での施工が比較的平易なため、熟練工でなくとも作業できることが多くあり、現地雇用につながるはずであるのに、その機会を逸していると感じた。第二に、プレハブ工法では木材は基礎杭以外に使用されることがなく、森林林業の再興にはほとんど寄与しない。第三に、プレハブ仮設住宅には断熱材が使用されておらず、東北地方の冬にはふさわしくないことであった。

こうした違和感を踏まえ、私は木造仮設住宅に取り組むにあたって、プレハブ仮設住宅との違いを明確にした概念図を作成した（次ページ）。「地域の暮らしを再生させる大切な拠点となる仮設住宅を、被災した企業が自ら立ち上がり、そこに暮らす人たちとともに、地域材でつくり上げる木造仮設住宅」をテーマに取り組むこととした。私たちの木造仮設住宅はプレハブ建築協会のそれとは大きく異なる取り組みである。

事業実施主体（企業、地域の職人）、自治体、そして住居を失い仮設住宅を求める住民の三者はいずれも被災している。被災した企業、地域の職人が仮設住宅を建設するということは、雇用の確保につながるだけではなく、実際に仮設住宅に住まう人の気持ちについても理解できるということである。「地域の復旧復興に地域をあげて取り組む」――その旗印として木造仮設住宅の建設を位置づけることとした。

また、沿岸部の合板工場が被災したことなどを受けて、建設資材である合板が入手困難

立ち上がり、そこに暮らす人たちと共に、地域材でつくり上げる木造仮設住宅

こ、被災地域以外からの支援を中心に、迅速な対応
こ、**被災地で出来ることは被災地で行う**事に、緩やかに切り替えていく

なステップを踏み出す

● 自治体

業の機会
災された方々の積極雇用
↓
林組合ネットワーク等を
用して被災地域の実情を
握～雇用
ローワークへの求人
ネル工法による施工の簡
化による求人要件の緩和

入居希望
要望

迅速適切
な対応

仮設住宅に関する諸問題
1. 過去の震災での仮設住宅に関する課題・問題
・鉄骨系部材による夏の暑さ
・冬の結露→部屋への滴り水
・地域コミュニティの崩壊
孤独死（阪神大震災では最初の1年で51人）
2. 仮設住宅に住まわれる方々の満足度を向上
3. 維持管理コストの低減

発注

③ 地域の材料でつくる
1. 地域の木材をふんだんに使用
合板工場の被災により出荷が滞った2m,4m長の原木を活用して間伐の継続性を確保

④ 安定供給体制
1. 事業構成員それぞれのネットワークを活かし、住宅建材、木材等を確実に調達

森林の多面的機能の発揮

間伐）の促進 → **環境問題への寄与**

地域の暮らしを再生させる大切な拠点となる仮設住宅を、被災した企業が自ら

災害救助・復旧・復興のステージ
- **1st Step** 災害救助を中心として
- **2ndStep** 復旧・復興を目指して

被災した方々が、新た

● 被災

● 住居を失った方々

木造仮設住宅

① 快適な住まい

1．木の温もりにあふれた、
やすらぎの住空間
→湿度・結露の問題を排除
2．小屋裏収納スペース
3．独立した寝室
4．トイレと浴室を分離、トイレの
入口は脱衣室からも独立
5．縁側空間としてのポーチ
6．独立した玄関

② コミュニティの維持

1．敷地にあわせて２タイプ用意
2．戸建てを基本に連棟も可能
3．仮設住宅の配置計画に配慮
↓
日本建築家協会東北支部と
共同で、配置計画を検討

③ 就業

1．被

・森
活
把
・ハ
・パ
略

施工

● 事業実施主体

① 地域の技術でつくる

1．地域の大工・建具・塗装職人等
2．地域工場の積極的な活用
プレカット施設、木材乾燥施設

② 地域の知恵でつくる

1．設計～施工～管理までを地域で！
2．スギ厚板パネル工法
現地施工の短縮、雇用創出、
構造耐力向上、断熱性向上など

地域経済への寄与

森林整備（間

になったばかりか、スギ素材が行き場を失い、それに伴って森林施業が大幅に停滞している。そこで、森林から出荷が滞っている二メートル、四メートル長さのスギ素材を有効活用することとした。具体的には、二メートル材から壁材用のスギ厚板パネルをつくる。それにより、入手困難な合板の替わりが調達できるだけでなく、スギ厚板パネルを別工場で製造することによって現場施工時間の短縮を図れるメリットが見こまれた。また四メートル材は構造材として使用する。震災によって停滞した森林施業が木造仮設住宅建設によって復調すれば、林業従事者の雇用確保だけではなく、間伐の推進によって、森林が持つ多面的な機能の維持にもつながるはずである。

これらの対応によって、「被災した方々が新たなステップを踏み出す」ことを側面から支援することを打ち出した。さらに木造仮設住宅には、プレハブ系仮設住宅で以前から指摘されている、夏場の暑さ、冬の寒さと結露等の難点を和らげ、快適な居住空間を確保できるメリットもある。

一方で、申請要件として求められている、一定期間での供給可能戸数に対する資材の確保、施工体制、入居後のメンテナンス体制の確約について検討を重ねた。現状として、資材ついては、工場が被災した影響により、合板、断熱材など建設資材の供給体制が崩れた上に、ほかの仮設住宅建設や家屋の修復工事によって著しい不足状況であった。また施工体制についても同様に、大工をはじめとする各職工が不足している上、経費も高騰していた。こうした状況を踏まえ、ＪＶ（共同事業体）体制を構築することとした。

私が所属する登米町森林組合は末端の地域森林組合であることから、対面的資金的な担保を確約するために上部団体である宮城県森林組合連合会を筆頭に、建設業、資材商社など計四者によるＪＶとした。またその構成員として登米町大工組合、津波で被災した南三陸町の建設職組合を加えて可能な限り地元雇用、資材の地元調達ができる体制を整えた。

さらに木造仮設住宅の設計にあたり、日本建築家協会東北支部に協力をお願いし、居住空間としての検討を行う体制も整えた。

こうして可能な限り万全の体制を整えて、四月二八日に宮城県に対して申請書を提出した。


困難をきわめる宮城県での木造仮設住宅への道

しかし期待は裏切られた。岩手、宮城、福島の被災三県で実施された仮設住宅建設の一般公募において、宮城県の対応だけが異質（異様）であった（表1、2）。

第一に公募主体が岩手、福島の両県は県であったのに対して、宮城県のみ㈶すまいづくりまちづくりセンター連合会という団体であった。

第二は、適合者の結果を岩手県、福島県は公開したのに対して、宮城県では非公開とさ

	福島県	宮城県	岩手県
公募月日	4月11日	4月19日	4月26日
公募者	福島県	㈶すまいづくりまちづくりセンター連合会	岩手県
応募者数	89件	156件	28件
適合者数	21件	77件	12件
結果公開	公開（講評公開有）	非公開	公開
施工確約・予定	あり（2,494戸）	なし（事前説明なし）	あり（4,000戸）

表1　仮設住宅の一般公募

れたことである。宮城県はホームページにて公募結果として77社が選ばれたことを報じたが、実はこの結果は申請者にすら知らされなかったばかりか、リストを非公開とした。公的な公募の申請に対して、リストが公開されないことに多くの非難が寄せられ、宮城県議会でも論議を呼んだ。

第三に一般公募で選定された者への発注にも問題があった。岩手県、福島県と同じく、宮城県でも選定者に仮設住宅の発注をすることとなっていた。ところが、実際には県が建設する仮設住宅については引き続きプレハブ建築協会に建設を依頼することになってしまった。

このような状況に私は強い怒りと疑念を抱いた。地域材利用、地域雇用の木造仮設住宅の実現が、遠くに霞んでいった。

月日	報道機関名	内容
4月7日	河北新報	「㈶すまいづくりまちづくり）センターの審査を通った事業者リストを基に県が発注する」
4月19日	宮城県ホームページ	㈶すまいづくりまちづくりセンター連合会より「宮城県における応急仮設住宅の提案に係る事前整理受付」開始
5月10日	宮城県ホームページ	「宮城県における応急仮設住宅供給事業者に関する公募結果について」（適合者への連絡はなし）
5月13日	日刊建設新聞	「名簿は非公開」 「応急仮設住宅を市町村が独自で発注できるよう（中略）供給事業者のリストを作成し」 「県が建設する仮設住宅については（中略）引き続きプレハブ建築協会に建設を依頼」
5月21日	河北新報	『震災対応に不満続出』 議員が「県が公募した仮設住宅建設業者のリスト公表を迫った」ことに対して県土木部長が「業者名は個人情報に当たる。一切公表しない前提で応募してもらった」と発言 議員から「地元の建設業者や仕事を求める被災者の救済につながる事業にする必要がある」との指摘があった
6月7日	河北新報	『南三陸町仮設50戸独自建設へ　地元に発注活性化狙う』 「仮設住宅の建設は県が発注している。業者選定は資材調達などと一括でプレハブ建築協会に委任しているが、地元企業の元請け受注は一部にとどまっている」 「町は、地域経済の復興支援や雇用創出の観点も踏まえ、一部を独自発注することにした」 ある建設業者社長の談を「地元業者だとメンテナンスも行き届くのに、今回はただ振り回されただけと憤りを隠さない」と伝えた
6月8日	河北新報	『地元業者へ発注わずか 仮設住宅建設、雇用につながらず』

表2　宮城県における仮設住宅一般公募の経緯を伝える報道

諦めなかった成果

しかし諦めるわけにはいかなかった。木造仮設住宅の建設は、地域の雇用促進や停滞している地域材利用の活性化につながり、有用であると確信していた。また今回の震災において宮城県でもプレハブ建築協会以外の業者による仮設住宅建設の道を開くことができれば、今後も想定される災害の際に先行事例として引き継ぐことができると考えた。

私たちは応急仮設住宅が建設されている市町村の長や担当者に対して、地域材利用・地域雇用型木造仮設住宅の優位性をできうる限り説明して回った。しかし、高い壁が立ちはだかった。職場の森林組合がある登米市も、内陸部に位置するものの仮設住宅が建設されており、当然のことながら自治体に木造仮設住宅の建設を掛け合った。だが、自治体からの回答は、登米市における仮設住宅については、用地提供は登米市が行うが、建設は宮城県が行っている関係上、どうしても対応ができないというものであった。

ところが、甚大な津波被害があった南三陸町から、地元雇用につながる仮設住宅建設に対して大きな関心が寄せられた。説明を重ね、住居仕様の修正に対応した結果、6月8日の第五回南三陸町議会臨時会にて関連予算の計上・承認がなされ、見積合わせを経て、いよいよ建設が決まった。

この瞬間を待ちに待っていた私にとって、震災後一番うれしい出来事だった。

宮城県唯一の地域材利用・地域雇用型木造仮設住宅の建設

南三陸町歌津地区にある総合スポーツ施設・平成の森の近くの私有地が建設地となった。高台にあり津波の被害を逃れた場所である。そこから数分ほど坂を下ったところにある集落では、家が跡形もなく、基礎コンクリートだけが残されていた。その壊滅状態となった集落の住民が、今回建設する木造仮設住宅に集団移転することとなった。この建設用地は集落の住民が土地所有者と交渉したうえで、南三陸町に申請しており、それによって集団移転が実現している。折しもこのころ、仮設住宅をめぐって、コミュニティの形成をいかにするか、精神的ストレスの緩和をいかにして図るかなどの、ソフト面での対応も求められるようになってきていた。この点からしても、集落単位での移転が実現できたことは喜ばしく感じた。

建設する仮設住宅は単身用一戸（28・18平方メートル）、家族向け十四戸（34・78平方メートル、46・37平方メートルが各七戸）の計十五戸、それに集会場一棟が予定された。敷地が限られていることから三棟の長屋にして建設を行うこととなった。実際の建築は七月から始まり、八月初めに居住開始とすることが条件であったことから、工期はわずか一か月。仮設とはいえ、木造で一か月の工期は正直厳しかった。工期を短縮しながらも品質を確保するために、三棟をそれぞれの職工にふりわけて責任施工としたほか、現地で基礎、軸組工事

写真２　木造仮設住宅建設の様子。地域の雇用が生まれる
撮影日　2011 年 7 月
撮影地　宮城県本吉郡南三陸町

を行いながら並行して別工場にて外壁用のスギ厚板パネルの加工を行うこととした。少しずつ完成していくその姿を、これから住まう方々が毎日のように足を運んでは眺め、明るい笑顔を少しずつ取り戻しているように感じた。

木造仮設住宅としては宮城県で唯一のものであったため、多くの関心が寄せられ、地元のテレビや新聞でも大きく報じられた。秋田県立大学と慶應義塾大学の学生ボランティアからは、実況調査と合わせて作業の手伝いまで、多大な協力が寄せられた。

一か月の工事期間はあっという間だった。完成した木造仮設住宅は、基礎と耐火構造を除けば一般の住宅となんら遜色がない仕上がりとなった。玄関部分には軒が張り出し、多少の降雨でも洗濯干しが可能なほか、軒づたいに隣家に移動することもできる。室内に入ると、プレハブ仮設住宅ではほとんど見られない玄関と下足入れが設えられ、木造軸組の力強い柱と梁の構造が見える。またスギ板張りの床板と天井は、壁の化粧石膏ボードの白とのコントラストが柔らかくも美しい。さらに限られたスペースの中にも脱衣室や収納が完備されている。一か月の工期でこれだけの仕上がりのものができたことは、工事に関わった人びとが、被災してここに住まう方々のために一日でも早く……という切なる思いを共有したからにほかならない（写真2〜4）。

部屋の鍵を引き渡す際に私は立ち会うことができなかったが、当日は朝早くから列ができ、鍵を受け取るとすぐに引っ越しをはじめたという。震災の悲しみ、苦しみを乗り越えながら新しい一歩を踏み出すための生活が、ここからはじまった。

木造仮設住宅の建設に微力ながら関わることができたことで、自分を一歩高められたように感じている。

仮設住宅にまつわる諸問題——木造の優位性——

仮設住宅の建設はなにも東日本大震災がはじめてではな

写真3　木造仮設住宅概観
撮影日　2011年8月4日
撮影地　宮城県本吉郡南三陸町

写真4　木造仮設住宅室内
撮影日　2011年8月4日
撮影地　宮城県本吉郡南三陸町

い。阪神淡路大震災、新潟県中越地震をはじめとして多くの機会に仮設住宅が建てられ、問題や課題も指摘されてきた。にもかかわらず、それらがなんら改善されることなく、東日本大震災をむかえてしまったことが残念でならない。

たとえば一〇月五日付け河北新報は一面で「仮設 お寒い対策 被災三県、改修取組格差」と題して、冬場をむかえるにあたり、宮城県での断熱改修工事が遅々として進まない現状を訴えていた。この点については、新潟県中越地震の際に長岡技術科学大学の木村悟隆氏が論文「仮設住宅の居住性」で指摘していたことでもあり、事前に対策がなされてしかるべきであったと思う。一方、私たちの木造仮設住宅は、建設時点で壁床天井とも断熱材を入れる対策をしていたため、改修工事は不要であった。

また木造仮設住宅は建設コストが高いという指摘もあったが、私たちの木造仮設住宅は断熱施工も含めて十五世帯平均で三百七十万円である。八月一日付け朝日新聞が報じている宮城県発注分の「仮設住宅平均三百七十二万円」と比較しても、木造仮設住宅が決して高額でないことは明らかである。

東日本大震災という大災害を機に、プレハブ建築協会以外の業者にも仮設住宅建設の道がわずかながらも開かれた。宮城県で建設された二万二千四十二戸の仮設住宅のうち、地域雇用による木造仮設住宅は私たちの取り組んだ十五棟のみときわめてわずかだったが、一つの実績として残すことができた。

しかしこれで終わりではない。今後想定される災害の際に今回の教訓と実績を活かせるように訴えていくことは、私の使命であると感じている。また自治体には、このような大災害のときだからこそ、安易にプレハブ仮設住宅一辺倒とするのではなく、地域の雇用確保や森林林業分野など、大きな視点から仮設住宅建設に取り組む姿勢を切に願う。

さまざまな出来事

木造仮設住宅以外にも私たちは、森林・林業分野の強みを活かした取り組みを行ってきた。その一つが木製組立家具キット「組手什《くでじゅう》」の避難所への配布である。組手什とは、長さ2メートル、幅39ミリメートル、厚さ15ミリメートルの杉材に、四十個の切り欠き加工がされた部材を用いて、自由にかつ簡易に組み立てることができる組立家具キットである。

避難所での生活は、間仕切りがないため24時間解放空間の中での生活を強いられており、身体面に加えて精神面でも過大な負荷がかかる状況であった。また物を収容する場所も少なく、居住スペースを圧迫していた。そこで私たちは、国土緑化推進機構の緑の募金を活用して、四月から七月初旬にかけて、収容スペース兼間仕切りとしてこの組手什を避難所に寄贈する活動を行った。この活動は日頃からつながりのある㈶みやぎ・環境とくらし・

ネットワーク（通称MELON）と共同で行った。寄贈を行う中で避難されている方々と直接お話をする機会が多くあり、被災間もない時期にもかかわらず前向きに進もうとするその心に感動した。このときの経験は木造仮設住宅建設の概念図（118～119ページ）作成に大きく寄与している。

また今回の震災では、大学生の活動がめざましかった。東海大学の学生は震災直後から3・11生活復興支援プロジェクトを立ち上げ、自ら岩手県、宮城県に木造仮設公民館の建設に携わってきた（写真6）。また千葉工業大学のプレイグラウンドサポーターズは、宮城県南三陸町を中心に、国主導で行われるスピード効率優先の復興の中でなおざりにされてしまう子どもたちに寄り添いながら、木材を活用した遊び場をハード・ソフト両面からサポートし続けている（写真7）。彼らのまっすぐでひたむきな姿を見て自身も励まされた。また、彼らにしても今回の震災での活動をとおして多くのことを学び、社会に羽ばたいていくことだろう。

写真５　組手什の寄贈。作成された棚で整然と整理された
撮影日　2011年６月27日
撮影地　宮城県石巻市避難所

写真６　東海大学により寄贈された仮設公民館

写真提供　東海大学チャレンジセンター
撮影年月　2011 年 5 月
撮影地　宮城県本吉郡南三陸町

写真７　千葉工業大学製作によるウッドシェルター。子どもたちの笑い声が聞こえる

写真提供　千葉工業大学
撮影年月　2011 年 10 月
撮影地　岩手県大船渡市三陸町越喜来

四　明日を信じて

仮設住宅の建設は即応性が求められることが理由とはいえ、プレハブ建築協会が地方自治体との協定に基づき施工を一手に担う強固な体制ができあがっていた。すなわち、プレハブ建築協会が既得権を得ているともいえる状態であった。それに風穴を開け、木造仮設住宅の建設が実現できた原動力は何だったのだろうか。振り返ってみて、三つの事由があったと私は思う。

一つは、私を含めて多くの人が、震災のときだからこそより強く求められる地域の雇用や、森林資源の有効活用を実現し、それによって居住性の高い木造仮設住宅を提供しようという思いを共有したことにあると思う。木造仮設住宅の実現は、多くの人の「思い」の集大成であると感じている。

二つ目は信念を貫く強い心を持ち得たこと。今日に至るまで、木造建築の優位性や可能性について揺るぎない確信を持ち続けられたことは、大きな原動力となった。震災一週間後に津波被害を受けた南三陸町の姿を目の当たりにして、自身が為すべきこと、為し得ることをイメージしたことが要因だったと思う。

三つ目は、フェースブックに代表されるソーシャルネットワークによって、今までつながることができなかった人同士が結びつき、上下関係や立場の違いを超えて共感する思いに基づいて情報交換や提言がなされ、それを通じて自身の取り組みの社会的意義を明確にすることができたことにあると思う。震災後の活動の中でフェースブックを通して、岩手県での木造仮設住宅建設に尽力する人たち、震災発生直後から被災地に赴き避難所のボランティアグループの運営組織立ち上げの支援をする人たち、電気が通っていない被災地にソーラーパワートラックを派遣するなどの精力的な活動をしている人たちと知り合うことができた。また報道に携わる人たちとも知り合った。フェースブック上で知り合い、そして実際に会って情報交換をする中で、私たちの活動がさまざまなところと有機的につながっていくことが実感できた意義は大きかった。

木造仮設住宅の建設が終わった九月以降も、沿岸部に位置する合板工場は復旧途上であり、依然として森林林業の停滞感は否めない。しかし、木造仮設住宅建設の実績、そしてフェースブックなどによる新たなネットワークをとおして、木造による漁協の番屋や集会場などの引き合いが寄せられている。また、被災地の木材を活用した商品化づくりの提案も届いている。震災で起きた大きな不幸を乗り越えるのは至難のことであろうが、今までの流れとは異なる新しい森林林業の幕開けを実感している。

一方で福島第一原子力発電所の事故に伴う放射能汚染は、私の職場がある宮城県北部に位置する登米市にも深刻な影響を与えている。森林林業分野に限っていえば、特に特用林産品（きのこおよびその原木、薪、炭など）がきわめて厳しい現実に直面している。放射能汚染対策は答えを見つけがたい問題ではあるが、逃げることなく前向きに対応していきたい。明日を信じて。

岩手県陸前高田市に派遣されて――名古屋市職員の43日間――

山田薫夫

一　三月一一日の記憶

　三月一一日の午後、いつものように市役所庁舎内で新斎場の整備に関わる仕事をしていた。ゆらりゆらりとした大きな揺れが庁舎を襲う。揺れはなかなか収まらない。すぐにインターネットで地震情報を確認しようとするが、なかなかつながらない。しばらくすると、東北地方の太平洋沖を震源とする大地震だということがわかった。震源地から遠く離れた名古屋市内でも震度四が観測された。この日の夕方、打合せのために名古屋港に面する港区空見町の会社を訪問する予定が入っており、一六時頃に市役所を出た。このときすでに伊勢湾にも津波警報が発令されていたが、打合せは予定どおり行うことができた。仕事を終えて自宅に戻ると、テレビからは、大津波にのみこまれる街、流出した油により炎上する港など、凄惨な映像が次々と流されていた。そして、日を追うごと明らかになる被害の深刻さと増加する死者・行方不明者の数……とんでもないことが起きたという実感が少しずつわいてきた。

このような状況の中、日々の職務にあたりつつも、「何か自分にできることはないだろうか」との思いを抱いていた。ただし、今回の震災は被害の程度があまりにも大きく、当面のあいだは行方不明者の捜索や避難所等における被災者支援が中心となり、正直、私のような「土木屋」の出番となる復興プランの策定や復興のためのインフラづくりが始まるまでには少し時間がかかると予想された。

地震が発生して一か月ほどたった四月、名古屋市は、壊滅的な被害を受けた岩手県陸前高田市の行政機能の回復を全面的に支援するために、市職員を長期間にわたって派遣することを表明する。陸前高田市では、市庁舎も全壊し、市職員二百九十五名のうち六十八名が死亡・行方不明となり、役所としての機能を維持することが困難な状態となっていた。名古屋市では職員を派遣するにあたり、岩手県市町村課の総括のもと、陸前高田市と派遣業務や派遣時期について調整を進め、年度末までに二十三分野の三十三のポストに、延べ百四十三名の職員を派遣した。

私の所属する健康福祉局では、保健師を中心とする保健分野の他、高齢福祉や生活保護の分野で職員を派遣することとなった。私は「とにかく何でもいいから少しでも役に立ちたい」との思いから、畑違いではあるが、健康推進課の事務補助の派遣職員募集に手を挙げた。

まず、四月二二日から私を含む保健および福祉関係の職員を中心に九名が第一次支援隊として派遣されることとなった。被災地支援に少しでも役に立ちたいという思いの一方、現地の状況はどうだろう、何をするのだろうというさまざまな不安もあった。第一次支援隊の派遣に先立ち、四月一九日には事前説明会が行われ、現地での宿泊、通勤等にかかる事務的な説明ののち、今回の職員派遣のために事前に現地入りし、現地の状況確認や調整にあたった職員からの報告があった。ここでは、現地の被災状況の詳しい説明とともに、陸前高田市の職員がかなり疲弊し、強いストレスを感じていることによるコミュニケーションのとり方の難しさなども報告された。

ところで、今回の派遣の話があるまで、恥ずかしながら私は陸前高田市のことをまったく知らなかった。陸前高田市は面積二三二・二九平方キロメートル、人口二万四二四六人（二〇一一年三月一一日現在）の岩手県南部の三陸海岸に面する市である。広田湾にそそぐ気仙川河口部の平野部が市街地となり、その周囲は山にかこまれている。広田湾では牡蠣、ホタテ、ワカメなどの漁業が盛んである。湾奥の河口部には、約二キロメートルにわたり約七万本の松林が続く白砂青松の景勝地で知られる高田松原があった。今回の津波によりその高田松原も壊滅的被害を受け、松は根こそぎ倒され、唯一残った松が「奇跡の一本松」「希望の一本松」として復興のシンボルとなっていた。しかしながら、この大津波に耐えた一本松も衰弱が進み、懸命の保護活動も実らず、震災から九か月あまり経った一二月に保護を断念したことが発表された。

二　揺られる車中での記憶と目に焼きついた光景

四月二二日朝、中部国際空港に集合した第一次支援隊のメンバーを多くの報道陣が待ち構えていた。ある特定の都市の行政機能回復を手助けするために市が多数の職員を長期派遣する「丸ごと支援」はこれまでに例のない取り組みであるため、注目を集めていたようだ。東北新幹線の一部区間や仙台空港が復旧していなかったため、秋田空港経由で現地入りする行程となった。秋田空港からは約二〇〇キロメートルの道のりをレンタカーで向かった。秋田自動車道を走ると、四月下旬とはいえ、車窓から雪化粧をした奥羽山脈が見える。途中、沿道には地震によって損傷した住宅や店舗が、道路には段差や亀裂があり、地震の大きさを物語っていた。

今回の派遣期間中の宿泊地となる一関市大東町を通り過ぎ、峠を越えると陸前高田市だ。市内に入っても、しばらくは山道が続き、ループ橋やヘアピンカーブのトンネルが連続する。目的地の給食センターまであと少しというとき、突如、車窓からの景色が一変した。壊れた家屋に、積み上げられたガレキ、そして道路に並行して走るJR大船渡線は路盤が流され、線路が宙に浮いている。「ここはまだ山の中じゃないか」われわれは目を疑った。この付近には気仙川の支流である矢作川が流れているが、気仙川の河口からは五キロメートル以上も上流である。津波はこんなところまで遡上してきたのかと、その恐ろしさを思い知らされた。ここからしばらくのあいだ、気仙川の近くを走ることになるが、われわれが目にしたものは、見渡す限りのガレキや流木、逆さまになった自動車、橋脚ごと流出した大船渡線の橋梁……「これは現実なのか?」という感覚に襲われた。いやおうなしに私たちの緊張感は高まる。

予定より少し遅れ、一七時少し前に災害対策本部が置かれている給食センターに到着する。すぐに派遣職員受入式が行われる。盛岡市一名、一関市四名、名古屋市九名の計十四名の派遣職員に対し、戸羽太陸前高田市長から「みなさんには市民の期待に応えていただき、被災前以上によりよい街にしていきたいと考えています。市を代表して心から御礼と感謝を申し上げます」との挨拶があり、これに対し各市の代表が「大震災に見舞われたこの街が一日も早く復興するよう、全力を尽くしたい」などと着任にあたっての決意を述べた。その後、派遣職員はそれぞれの派遣先で陸前高田市の職員との顔合わせを行い、初日を終える。

一八時過ぎ、陸前高田市をあとにし、宿泊先となる一関市大東町摺沢の富士屋旅館に向かう。市役所から旅館までの距離は約四〇キロメートル、時間にして一時間弱だ。ここが、しばらくの間の住いとなる。食事をとり、二三時頃には床についた。それから程ない翌〇時二五分、福島県沖を震源とするM５・４の地震があり、一関市でも震度三を観測した。震災後一月半以上経つが、その後も毎日のように余震が続いた。

三　脳裏に焼きつけられた記憶

私が派遣された民生部健康推進課には、国保係と保健係の二つの係がある。国保係のおもな業務は、医療費の給付に関する事務である。これは、病院等で診療を受けた際、患者が支払う本人負担分以外の部分について、国保連をとおして病院へ支払うこと、入院などで多額の医療費がかかった患者に対して高額療養費を支払うものなどである。そのほか、重度障害者、乳幼児、妊産婦等に対する負担軽減のための医療費助成なども行っている。

写真１　仮庁舎外観
撮影日　2011年５月３日
撮影地　岩手県陸前高田市高田町

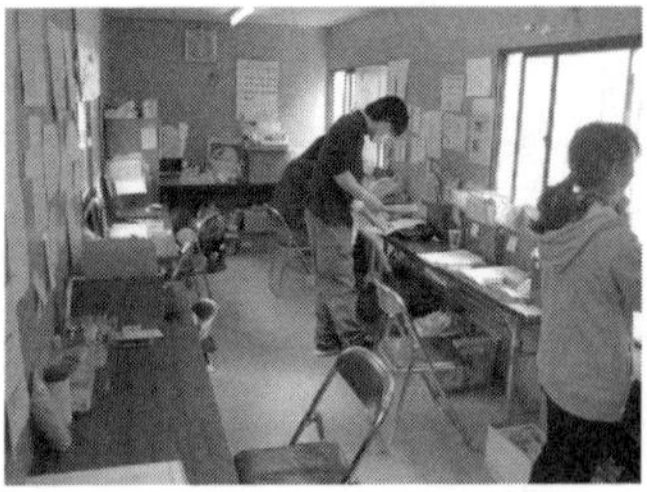

写真２　仮庁舎内部（健康推進課）
撮影日　2011年５月７日
撮影地　岩手県陸前高田市高田町

震災後は、それらの通常業務の他に震災に伴う医療費の免除証明の発行や医療費の還付等の業務が加わった。一方、保健師や栄養士が中心となり、赤ちゃんからお年寄りまで市民の健康づくりのサポートをしている保健係は、母子手帳の発行、予防接種、健康診断等の通常業務に加え、被災後の地域と住民の現状、健康課題の把握を目的とした「生活と健康に関する調査」を行うこととなっていた。この調査は、全国のさまざまな自治体から応援に入っている保健支援チームとともに避難所を含む全戸訪問を実施して行う大規模なものである。なお、健康推進課はこの二つの係のほか、広田診療所、二又診療所の二つの国保診療所を所管する。私は健康推進課全般の事務補助を行うことになった（写真１・２）。

最初の二日間は、課の業務および被災状況や現在の診療体制についての概略説明を受けた後、市内各地の避難所や救護所等を視察した。市内の医療機関は、県立高田病院をはじめとして多くが被災したため、日赤や全国の医療機関からのチームが支援に入っていた。市街地の被災状況は、テレビで流されていた映像のとおりであるが、実際にこの目で見ると言葉を失う。建物はほとんど流されており、まさに壊滅である。その印象は、強烈な絵とにおいの記憶として私の脳裏に焼きつけられた（写真3）。

まず、絵としての記憶の部分。震災発生から約一月半のその時点で、道路のガレキの撤去は進んでいたが、道路以外は一面ガレキに覆われたままだ。市内の至るところで、自衛隊や警察官による大規模な遺体捜索が行われている。ガレキの中に遺体がある可能性もあり、重機によるガレキの撤去作業も慎重に行う必要があることから、作業がはかどらないとのことであった。

写真３　市街地の被災状況
撮影日　2011 年 4 月 23 日
撮影地　岩手県陸前高田市高田町（市の中心部）

また、市内ではガレキの撤去や仮設住宅の建設資材の運搬などで、多くの工事車輌が土煙を上げて走りまわっていた。市街地の海沿いを通る国道四五号の気仙大橋をはじめ、気仙川に架かる三つの橋が流出し、道路網が寸断されたため、市内を通過する車が市街地の山側を通る農免道路（農道の一種）に集中していた。交通量がさほど多くなかったこの農免道路が市内の幹線道路となり、その沿線は開発のために林があちらこちらで伐採され、地肌がむき出しとなっていた（写真4）。

においの記憶も強烈だった。長部地区という漁港のある地区へ行った際には、猛烈な悪臭に襲われた。サンマを中心とした魚介類を保管していた水産加工会社の冷凍倉庫が津波の被害を受け、大量の魚介類が周辺に撒き散らされていた。震災から二か月近くが経ち、気温も上がりはじめたため、腐敗が進み悪臭が発生していたのだ。空には、それらの魚を目当てにした無数のカモメやウミネコが飛んでいた。多くのボランティアが人海戦術でサンマの回収を行ったそうだが、想像を絶する過酷な作業であったろう。なお、この地域では七月下旬から八月上旬にかけて、名古屋市からの派遣職員により、ハエ等の害虫駆除のための薬剤散布が行われた。

写真４　農免道沿いの林の伐採状況
撮影日　2011年10月28日
撮影地　岩手県陸前高田市高田町（農免道路沿線）

四　住民の方々との対話の記憶

ここからは、私が派遣期間中に従事した業務――健康推進課全般の事務補助――でさまざまなことを行ったうちのいくつかについて述べる。

一つは、失われた書類等のデータ化である。三階建ての市役所庁舎は屋上近くまで津波が押しよせ、二階にあった健康推進課のデータはすべて消失し、書類は大半が流失した。それでも、職員は津波でメチャクチャになった庁舎へ足を運び、流された書棚や机から残っている書類を捜した。見つかると持ち帰り、仮庁舎の片隅に積み上げていった。泥だらけで、水分を含み、強烈なにおいを放つ紙の束……。そんな状態でも、データが残っていない状況では、見つかった書類は貴重である。天気のよい日に、これらの書類を仮庁舎の裏手に広げ、一枚一枚泥を落としていく作業を根気よく行う。この作業を見ていた他課の職員が発した「大変な作業だなぁ。でも、書類が

写真５　被災した市役所庁舎の内部
写真提供　小川哲次（名古屋市健康福祉局）
撮影日　2011年5月6日
撮影地　岩手県陸前高田市高田町

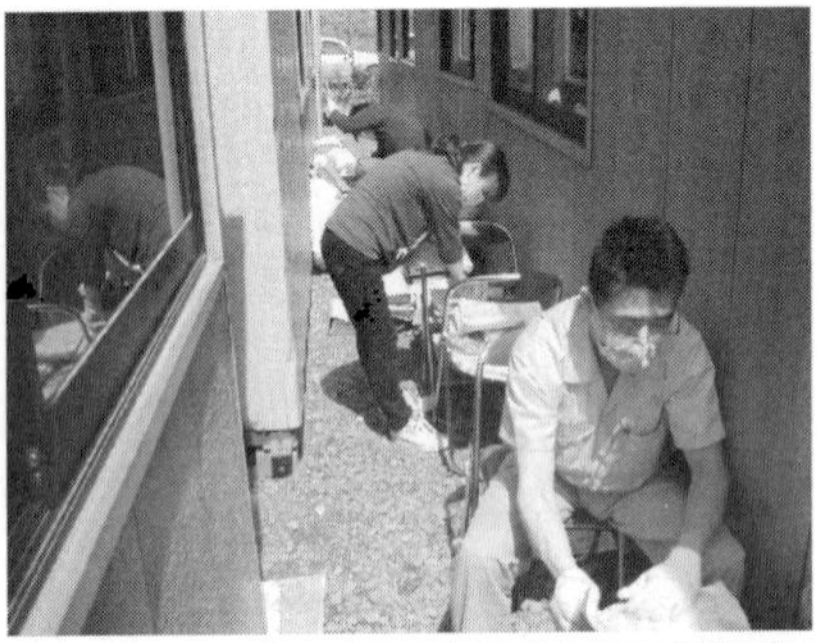

写真６　ユニットハウスの仮庁舎の外で書類の泥落とし
撮影日　2011 年 5 月 3 日
撮影地　岩手県陸前高田市高田町

あるだけでもうらやましい」との言葉が印象に残っている。書類の泥を落とすと、次はパソコンに打ちこんで、データ化していく。近年はＩＴの進展により、ペーパーレス化が進んできているが、今回改めて紙の書類の強さを知った（写真5・6）。

また、健康推進課では予防接種や各種健診について、毎年年度当初に各医療機関等と委託契約を結び、実施してきたが、私が派遣された四月下旬の時点においても、震災後の混乱で委託契約を結べずにいた。契約に必要なデータ等も消失していたため、契約の相手方から昨年度のものを送ってもらったり、被災していない市町からデータをもらったりして、対応に努めた。

二つ目の業務は、国民健康保険証等の再交付事務である。これは、私が携わった事務の中でも、市民と直に接することができた貴重なものであった。被災された市民の多くは着の身着のまま避難しており、保険証等を流出された方も多くいらっしゃる。震災後しばらくのあいだは、保険証がなくても救護所等で病気やけがの治療を受けられたが、流出した保険証の再発行を求める声があがっていた。そうした声を受けて、後期高齢者医療被保険者証については四月二五日から四月二八日まで、国民健康保険被保険者証と各種医療費受給者証については五月一六日から五月一八日までの日程で、市内各町のコミュニティセンター等を会場に、1会場あたり半日というスケジュールで再交付を行うこととなり、私も岩手県庁からの応援職員や長崎県から派遣された職員とともにその業務を担当することとなった。なお、この期間終了後も、再交付は仮庁舎で随時行われた。

朝、市役所で配布物等一式を車に積みこみ、四、五人の体制で再交付会場へ向かう。会場では配布開始予定時間の前から、多くの住民が列をつくって、首を長くして待っている。手続きは通常の場合と異なり、運転免許証等により申請者の本人確認を行い、名簿にチェックすれば完了し、その場で保険証を再交付した。ただし、その時点の最新のデータのものではなく、三月一一日時点の保険証が再交付される。そのため、今回の津波で亡くなられた方の名前が入っているものも多数あり、保険証を受け取られた方が、世帯主の欄を指差し、「この人は津波に流されてもうおらんけど、いいのか」と訊く。これに対し、「今回再交付しているものは、三月一一日時点のものですから」と答えるだけで、身内を亡くされている住民に、それ以外の言葉をかけられない。また、「運転免許証等の身分を証明できるものをお持ちですか?」と尋ねると、「全部流されて何もない。だから早く保険証が欲しかっ

写真７　被災した広田診療所
撮影日　2011 年 6 月 2 日
撮影地　岩手県陸前高田市広田町

た」といった言葉もよく耳にした。そのほか、再交付を行うために回った各会場で、「これまで厚生年金に加入していたが、震災で会社がなくなり、国民年金に変更したいがどうしたらいいか？」といったことなど、再交付以外にもさまざまな相談が寄せられた。住民は不安でいっぱいなのだ。しかし、寄せられた相談について、その時点で方針や手続きが明確になっていないことも多かった。窓口にいた自分としては、住民の発する言葉が持つリアリティとその重みを痛感するとともに、相談に適確な回答ができないことにやるせない気持ちになった。

住民とのコミュニケーションで、特に高齢の方とお話する際、方言（気仙語）がなかなか理解できずに困ったこともあったが、住民と接して感じたのは、穏やかな方ばかりだということだった。思いどおりの対応を受けられなかった場合でも、怒りだす人はほとんどなく、大半の方から「ありがとう」と感謝の言葉を頂き、頭の下がる思いがした。もともと穏やかな土地柄なのだろうか。それとも、あまりにも大きい災害を体験したことが影響しているのだろうか。

私が携わった三つ目の業務は、仮設診療所開設に必要な調整事務である。陸前高田市にある二つの国保診療所のうち、広田半島の海岸近くにあった広田診療所は津波により大きな被害を受けた。そのため、震災後は避難所となった近くの広田小学校内を間借りし、診療を行っていた。しかしながら、広田小学校の教育施設としての機能復旧、および児童への感染予防のために、新たに仮診療所を設置する必要があった。そこで、土地を借り、そこへプレハブを設置し、仮診療所を開設することとなった。なお、私が派遣された時点にはすでに、借地する土地はほぼ決まり、そこに同じく津波により被災した広田郵便局の仮局舎も設置する方針となっていた。仮診療所の設置にあたっては、借地の手続き、借地予定の土地が農地であることから農転の手続き、敷地内における郵便局と診療所のレイアウトや費用の負担割合の調整等が必要であり、そうした業務を私が担当することとなった。この件についても、借地予定地の地権者の一人が津波で行方不明と

写真８　完成したプレハブの仮診療所
撮影日　2011 年 8 月 26 日
撮影地　岩手県陸前高田市広田町

なっており、津波が暗い影を落としていた。結局、私の派遣期間中には調整がつかず、後任に業務を引継ぐこととなった（写真7・8）。

このように、私は派遣期間に従事した仕事で、被災された方の悲しみに触れる場面に多く直面した。一方で、赤ちゃんができた方が母子手帳の申請に窓口を訪れると、その場の雰囲気が和む場面にも出会った。

五　まず正解を求めるのではなく、柔軟に、そして体当たりで

派遣されてから約四十日、ようやく健康推進課での仕事に慣れはじめたところで派遣期間が終了し、私は六月三日に名古屋に戻った。私が戻る頃には、プレハブではあるが、二階建ての仮庁舎が完成していた。その後、仮設住宅の建設やライフラインの復旧も進み、七月二〇日には自衛隊が撤退し、お盆前には仮設住宅の建設も完了し、すべての避難所が閉鎖された。私は派遣から戻った後、七月、八月、一〇月の三度、陸前高田市を訪れた。行く度に、市街地のガレキは片づけられ、市内には仮設ではあるものの新しい店舗も増えていった。県立高田病院、そして私が携わった広田診療所もプレハブの建物で診療を行っていた。このように少しずつではあるが、街の復旧は進められていた。しかしながら、そ

れはあくまでも「仮の街」の姿であり、本格的な復興はまったく手つかずの状態であった。市街地から出た大量のガレキは集積所に山積みのままとなっており、ガレキのなくなった市街地もその後の復興計画が決定していないため、何も手を加えられることなく、雑草が伸びていた。

過去に起こった大規模な自然災害でも同様であったと思うが、復興計画はなかなか決まらず、計画が決まらないため、当然のことながら街づくりも進まない。この問題を解く答えは簡単に見つけられない。今回の大震災で津波による大きな被害を受けた沿岸の市町村では、整備する防潮堤の高さ、住民の高台への集団移転などが復興計画策定での大きな懸案となっていた。陸前高田市の震災復興計画は、地区別の市民説明会を経て、震災発生から9か月以上たった一二月下旬にようやく正式に策定された。この計画では、「災害に強い安全なまち」、「快適で魅力のあるまち」などの六つのまちづくり目標からなる「海と太陽と緑との共生・海浜新都市」の創造をめざしている。今後はこの計画に沿って具体的な復興事業が進められることとなる。

また、この震災復興計画の策定とほぼ時を同じくして、一二月二二日の第六回国家戦略会議において、環境未来都市の選定結果が公表され、全国十一の都市・地域の一つとして、陸前高田市、隣接する大船渡市、住田町の二市一町が連合した気仙地域が選ばれた。気仙地域が提出した「気仙広域環境未来都市」と題する構想では、環境、超高齢化対策、産業振興などの課題に対して、大規模ソーラー発電を中心とした地産地消型または分散型エネルギー、コンパクトシティなどを将来像として掲げたまちづくりを目指している。これは、今回の震災復興という位置づけに留まらず、地域が従来から抱えている課題をも解決するまちづくりを進めようという大きな計画である。これが国家戦略プロジェクトである環境未来都市構想の一つとして認定されたことで、復興へ大きな弾みがついた。

最後に、陸前高田市に対する名古屋市の支援について振り返る。被災地の支援に関して、これが正解というものはないと思う。大事なことは、時々刻々と変化する被災地のニーズに合った支援を行うことである。名古屋市が行ってきた「丸ごと支援」は、津波により多くの職員が犠牲となり、行政機能がマヒした陸前高田市役所にとっては、ニーズにあったものだったと思われる。ただし、多数の職員を長期間にわたり派遣する「丸ごと支援」にはさまざまな困難を伴った。被災した市内には宿泊できる施設がないため、宿舎の確保に苦労した。また、道路や線路も損傷していたことから、ようやく確保した宿舎からの通勤手段でも頭を悩ませられた。こういった問題に対して、名古屋市では派遣職員をサポートする職員も現地に常駐させるといったきめ細やかな支援を行い、困難を乗り切ってきた。震災からまもなく一年が経とうとしている中、陸前高田市の行政機能もかなり回復している。名古屋市の「丸ごと支援」も緊急時支援として一定の役割を果たしたと思われる。今後は、陸前高田市の職員が中心となり、近隣の自治体と連携して具体的な復興まちづくりが進められ、遠く離れた名古屋市からの支援は限られたものになるだろう。しかし、緊急時支援とは形は異なるだろうが、引き続き名古屋市として何らかの支援を続けていければと思う。陸前高田市が進める復興まちづくりに名古屋市職員がいささかなりとも貢献することで、その経験を東海地方で近い将来に想定されている大地震への対応に活かすこともできるのではないかと考える。

人間の記憶は時間の経過とともに薄れていく。震災からまもなく一年が経ち、被災地以外の人びとの震災の記憶はかなり薄れているだろう。しかし、被災地の復興はまだスタートしたばかりである。私も「土木屋」として、その復興まちづくりにたずさわることができれば嬉しいし、そうでなくても陸前高田市の復興を見守っていきたい。

東邦ガス復旧応援隊スタッフの派遣記録

古田裕之　太田真立　小林勝則

東日本大震災により、東北から関東地方にかけ十六の都市ガス事業者が被災し、約四十六万戸もの都市ガスが供給停止となった。このため、全国の都市ガス事業者が業界を挙げて復旧応援を行い、最大時約三千九百名の応援規模で約一か月間の復旧活動を行った。

地震発生から復旧完了までの主な流れを図1に示す。

東邦ガスも最大時約四百十名を仙台市に派遣した。しかし、それだけの大人数が被災地に滞在し、復旧活動を効率的に応援するには相応の準備が必要となる。その受け入れ準備のために、震災直後に仙台市に赴いた当社社員二人（太田：先遣隊、復旧計画スタッフ、小林：後方支援、前進基地設置）の体験を、今後の災害に教訓として活かされることを願いつつ報告し、最後にライフラインを担う会社の使命と今後の課題を考えてみたい。

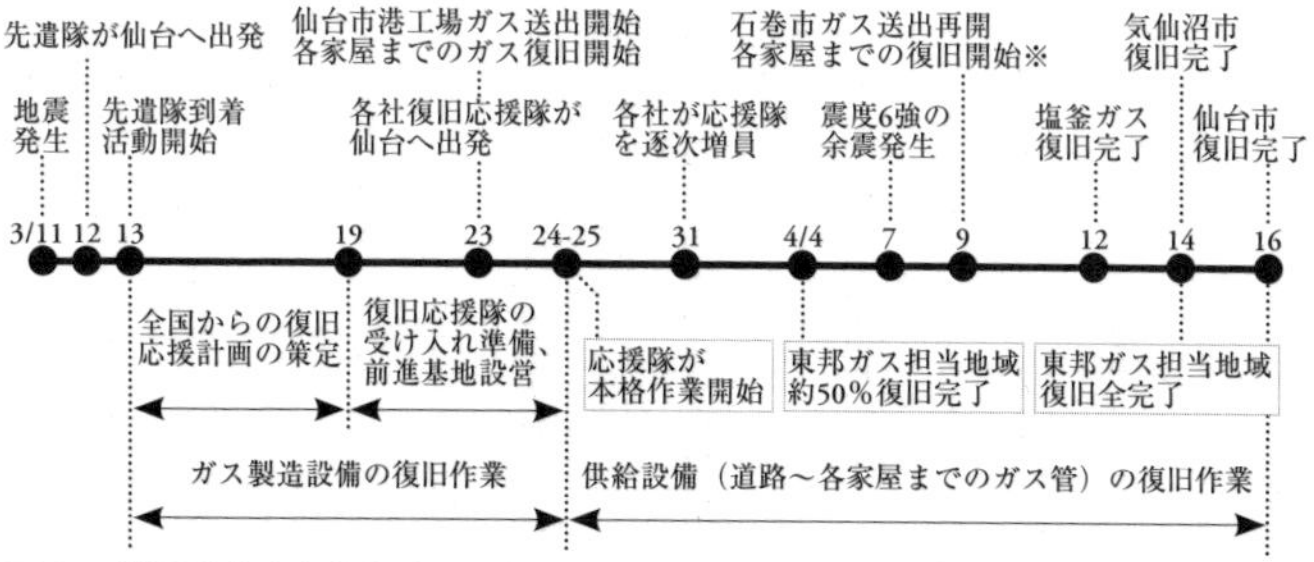

図１　地震発生から復旧完了までの主な流れ

一　先遣隊、復旧計画スタッフ（太田）

東京で見た光景

三月一一日、私は東京に出張していた。奇しくもその日は一般社団法人日本ガス協会（以下、ＪＧＡ）の地震対策ワーキンググループの定例会議であった。ワーキングメンバーは都市ガス事業者の代表十一事業者の地震防災担当者である。当日の議題は、過去の地震災害時の復旧ノウハウを集めた「復旧作業ノウハウ集」の内容の審議などであった。

会議途中、地震が発生した。会議室は虎ノ門のビル九階。最初は緩やかな揺れであったが、すぐに揺れはどんどん大きくなり、机にしがみつかなければしのげない状況となった。スマートフォンで地震情報を確認すると、東北地方で最大震度七という数字が目に飛びこんできた。これを見た瞬間に、震源地の東北地方で甚大な被害が発生し、都市ガスの供給停止に至っているのではないかと直感した。

揺れがおさまると、関東・東北地方のメンバーは帰社を急ぎ、私を含めたそのほかのメンバーは、地震による被害状況の把握および災害対応体制確立のため、JGA事務所へと階段を駆け下りた。

事務所では、すでにJGAの担当者が災害対策本部を立ち上げ、被災地域の情報収集を進めていた。JGAでは迅速な情報収集のためのシステム化が進んでおり、インターネットにより各事業者から被害状況や供給停止状況が送られつつあった。とはいえ、夜中まであらゆる手段を駆使してもまったく連絡が取れない事業者も数多く存在するほどの状況で、直ちに被害の全容を把握することは困難であった。そこで私は、東邦ガス本社との情報連絡役を担いながら、テレビやインターネットにより情報収集を続けた。テレビでは、まさに津波が東北地方の町を飲みこんでいく様子を映し出していた。目を疑い、背けたくなるような見たこともない映像であった。

夕方には、需要家数約三十六万戸と東北地方で最大規模の仙台市ガス局全域が供給停止となったことが判明し、全国の都市ガス事業者による復旧応援を行うことが決定された。それに伴い、JGAとガス大手四社（東京ガス、大阪ガス、東邦ガス、西部ガス）が先遣隊を派遣することとなり、私を含むJGA地震対策ワーキングメンバーがその一員に選ばれた。

一方、大阪ガスや東邦ガスの本社でも直ちに先遣隊派遣メンバーが決定され、先遣隊は夜のうちに東京に向けて出発した。翌朝彼らと合流することとなった我々は、準備作業を進めながら、会議室にて交代で仮眠をとったが、度重なる余震と被害の全容もつかめぬ現地に向かう緊張感から、まともに眠ることのないまま朝を迎えた。

被災地へ

三月一二日午前七時、ガス事業者およびＪＧＡメンバーで構成される先遣隊の総勢二十七名が六台の車で仙台市へ向けて出発した。道中、ホームセンターやコンビニに立ち寄って、仙台市では調達が困難と思われる復旧作業に必要な工具資機材のほか、自分たちの食料や日用品、防寒用品などを購入した。しかしながら道路は渋滞が続いており、予定の行程どおりには進まず、気ばかりがせいた。さらに、その日の午後には福島第一原発の事故が発生した。事故発生当時、我々は栃木県宇都宮市あたりを進行中であったが、事故の情報は錯綜し、渋滞も激しかったことから、対策本部の指示により、小山市に戻り一旦待機を余儀なくされ、市内のホテルで一夜を過ごした。余震は依然続いていた。

三月一三日、対策本部から進行の指示が出た。小山警察署にて緊急指定車両申請を行い、規制中の東北自動車道を利用し、夕方に仙台市内に入ることができた。

「ここが震度七の地震に被災した町なのか？」というのが仙台市内に入ったときの第一印象であった。仙台市中心部は見たところ建物や道路にそれほど大きな損傷は見られず、道路には普通に車が往来し、どこにでもある都市の風景と感じられたことを覚えている。後に被害の全容を知らされるまでは……。

仙台市ガス局に到着し、息をつく間もなく供給停止の状況やガス設備等の被害状況の説明を受けた。仙台市内は、一部で震度六強を記録したものの、大半は六弱以下であった。しかしながら、ガスを製造する港工場が津波により被災し、ガスの送出が不可能となったため、供給区域全域が供給停止となっていた。これまでの約二十年間でも阪神淡路大震災や新潟県中越沖地震のような大規模地震で都市ガスの供給が停止した事例はあった。だが、製造設備の被災による供給区域全域の供給停止の事例はなく、この経験のない状況を目の当たりにして、復旧がどれくらいの期間にわたるのか、お客さまにいつになったらガスを届けることができるのか、正直想像もつかなかった。

その日の晩は、仙台市ガス局でおにぎりを頂戴し、手配された近くの青年会館の大部屋で先遣隊全員が枕を並べた。ガスだけでなく水道、電気も止まっており、トイレは溜め水で流すといった状況であった。

先遣隊の業務

三月一四日からいよいよ先遣隊のミッションがスタートした。先遣隊のミッションは、被災事業者の被害状況を調査し、他事業者からの復旧応援が必要な場合はその規模や復旧期間を算定し、対策本部を通じて全国に応援要請を実施することである。

発災当日はまったくつながらなかった被災事業者との連絡も翌日からは徐々に回復し、ほぼ全体の被害状況が判明していた。被害が大きい事業者は、岩手県の釜石ガス、宮城県の気仙沼市ガス水道部、石巻ガス、塩釜ガスそして仙台市ガス局であった。

そこで、先遣隊メンバーを三つの班に分け、①津波により仙台市ガス局港工場が喪失したガス製造および送出機能の早期回復、②仙台市ガス局内のガス管復旧のための被害調査、復旧応援隊規模、復旧期間の算定および応援隊の受入れ準備、③仙台市以外のガス事業者の被害状況把握、支援の必要性確認の三つを分担し、それぞれ作業を開始した。当初、私は②の仙台市内の被害調査および③の周辺ガス事業者の調査を担当した。

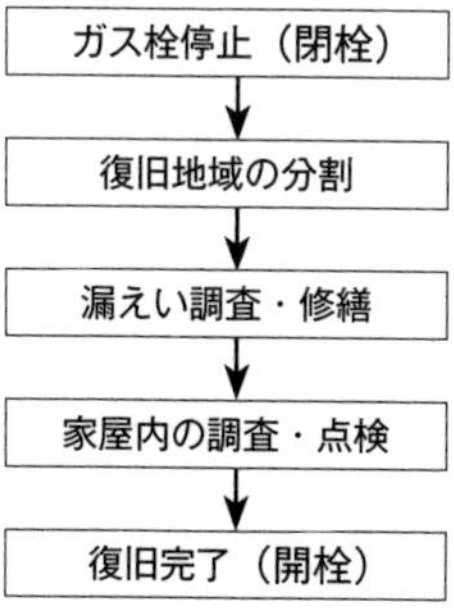

図２　復旧作業の流れ

ここで、都市ガスの復旧方法について説明する。まず、各家屋を一戸ずつ巡回してガスメーターにあるバルブを全て閉止（閉栓）した後、作業エリアを約二千～三千戸ごとの地区に分割する。そして、分割した地域ごとに道路に埋設されたガス管の漏えい調査を行い、漏えいがあった場合は漏えい箇所を特定して修繕を行う。その後、各家屋内のガス管の漏えい調査およびガス器具の点火確認を実施し、問題がないことが判明して初めて復旧が完了（開栓）する。このため、都市ガスの復旧には非常に多くの人手と時間を要する。

なお、今回の仙台を中心とする復旧活動は、大阪ガスが陣頭指揮をとって行うこととなった。東京ガスが自らも被災して対応中ということもあるが、やはり阪神淡路大震災で約八十六万戸が供給停止となり、全国のガス事業者の応援を受けて復旧したことに対する大阪ガスの恩返しの意味もあるのだろう。日を追うごとに復旧スタッフが続々到着し、復旧に向けた体制が強化されていった。

三月一六日、私は石巻ガスの調査に出向いた。石巻市は甚大な津波被害を受けているとすでに見聞きしていたため、少なからず恐怖心を抱きながら車に乗りこみ、出発した。仙台市内の街中を抜け、津波被災地区に入った途端に目の前の色が一変した。色がなかった。すべての風景をモノクロで撮影した写真を見ているかのようにも、時間が止まってしまっているかのようにも感じた。次第に、土にまみれた瓦礫の山が道路の端を埋め尽くし、これまで見たことのない、これからも見ることがないと思われる無残な光景が広がってきた。

港へと車を進めると、道路上にあるはずのない大きな船が横たわり、大型タンクローリーが横倒しになり、商店街はすべてのものが波にさらわれていた（写真1）。

石巻ガスは本社（社屋とガス製造設備）が港地区に位置しており、津波襲来時、建物一階は完全に水没し、ガス製造設備も大きな損傷を受け、使用不能状態となっていた。幸い社員は屋上に避難し一命を取りとめたという。生々しい状況を聞いて身震いを覚えた。

写真１　道路に乗り上げた大きな船
撮影日　2011年3月16日
撮影地　宮城県石巻市

その後、石巻ガスと先遣隊の打ち合わせにより、石巻赤十字病院のガス復旧を最優先に行うことを決定し、ほかのガス事業者の保有する臨時供給設備を配備し、三月二三日にガス送出を再開した。また、石巻ガス本社で被災したガス製造設備については、設備の復旧には長期間を要するため、ＬＮＧ（液化天然ガス）ローリー車を大型気化器（ローリーに貯蔵されたＬＮＧをガスに気化する装置）に直接接続することで四月九日からガス送出を再開し、本格的な復旧作業を開始した（写真２）。

少し余談ではあるが、ここで我々の現地での日常生活について書きとめておく。まず食事については、

写真２　大型気化装置に接続されたローリー車
撮影者　日本ガス協会（章末に詳細）
撮影日　2011年4月9日
撮影地　宮城県石巻市

到着翌日にはガス協会および東京ガスからの物資が搬入され、カップラーメンやおやつ、飲み物を手にすることができた。その後、仙台市ガス局の尽力によりお弁当の手配が可能となり、復旧期間中も継続して手配された。また宿泊については、到着後三日目から仙台市内のホテルを数か所手配することができた。電気と水道が復旧していたため宿泊は可能であったが、風呂には入れず、雪の降りしきる仙台で、水で濡らしたタオルで体を拭くことでしのいでいた。この経験から、我々の使命であるガスの早期復旧の重要性とお客さまからの期待を改めて認識することとなった。

最後にガソリンであるが、到着時からガソリンスタンドは大行列であり、搬入の見こみも立たない状況であった。緊急指定車両は優先的に給油することができたものの、何時間もかけての給油を余儀なくされた。

次に仙台市ガス局管内の被害状況について述べる。仙台市中心部は初日に感じたとおり、それほど大きな被害はみられなかったが、周辺部の宅地造成地では、地滑りや地割れが発生するなど被害の大きい地域が多数見られた。そうした地域は一九五〇年代後半から六〇年代の高度成長期に山谷を切り盛りして造成した場所であり、一九七八年の宮城県沖地震でもまったく同じ地域で同じ被害が発生したとのことであった。改めて地盤の重要性を認識した。

道路に埋設されているガス管から各家庭までのガス復旧計画については、地震計の計測値、供給停止区域内のガス管の種別ごとの延長データ、需要家戸数等のデータ、現地の被害状況調査結果等からガス管の損傷程度を推定し、ガス管の修繕および復旧に必要な要員や期間を算定した。仙台市内の被害状況が比較的軽微であることに加えて、都市ガス業界全体で長年進めてきたガス管の耐震化等の効果もあり、阪神淡路大震災では約三か月を要したのに対し、今回は一か月未満で復旧可能ではと感じていた。

ただし、前述のとおりガス製造設備が復旧し、ガス送出が再開されないと復旧作業自体が開始できない。ガス製造設備がある仙台市ガス局港工場は、製造設備自体の被災に加え、津波に伴う多数の漂流物により工場内に立ち入ることも困難で、まず漂流物の撤去から始めないといけない状態とのことであった。ましてや、石巻ガスのようにLNGローリーではガス量が到底間に合わない。

東邦ガス本社では、三月一五、一六日頃には約二百五十名を復旧隊として派遣することを決定し、第一陣の派遣要員の人選が進められていたが、復旧開始時期の目途が立たないため、現地に頻繁に状況確認の問い合わせがあった。仙台市内では、電気や水道の復旧が徐々に進み出し、特に市内中心部では、ライフラインはガスだけが復旧していない地域が広がりつつある状況に、現地も東邦ガス本社も日増しに焦りが募っていった。

数日経過した三月一九日、仙台市ガス局港工場からのガス供給が三月二十三日から再開可能の目途がたったとの報告がなされた。具体的に説明すると、仙台市ガス局は、海外から輸入したＬＮＧを港工場で気化させてガスを製造することに加えて、新潟県で産出される国産の天然ガスをパイプラインによって港工場で受入れ、付臭（無臭の天然ガスに特有のにおいを付けること）後、ガスを送出している。地震によって新潟県からのパイプラインも一旦は供給を停止した。しかしながら、パイプラインに被害がないことが確認されたことに加え、港工場内の付臭設備も調査の結果、機能が健全であり、仮設電源設置等の応急措置により、三月二三日に再開できる見こみであるということだった。いよいよ復旧作業および全国からの応援隊の受入れに向けてラストスパートをきることになった。全国からの復旧応援隊の受入は三月二四日と決まった。ＪＧＡ復旧体制図を図３に示す。

※写真２出典：日本ガス協会「平成23年東北地方太平洋沖地震による一般ガス事業者の被害状況（緊急対策・復旧対策）」総合

資源エネルギー調査会都市熱エネルギー部会ガス安全小委員会災害対策ワーキンググループ資料　二〇一一年一〇月三一日

復旧隊受け入れ準備

先遣隊としての業務がほぼ完了した後、三月一九日から復旧応援隊の本格的な受入れ準備の業務に従事することとなった。すでに到着している東邦ガスの現地復旧スタッフ三名に先遣隊三名を加えた六名体制で、他事業者の復旧スタッフと共同で復旧ルールを策定したり、東邦ガス本社と連携をとったりしながら復旧応援隊の受け入れ準備を進めた。具体的な実施事項は表1のとおりである。

復旧作業をスムーズに行うには、作業者のスキルや経験も重要であるが、それ以上に慣れない土地に到着したその日から迷わず、立ち止まることなく作業ができるように、情報（ガス管の埋設位置図やお客さまデータ）、モノ（ガス管材料、機工具類）、仕組み（復旧作業ルール）を整えておく必要がある。

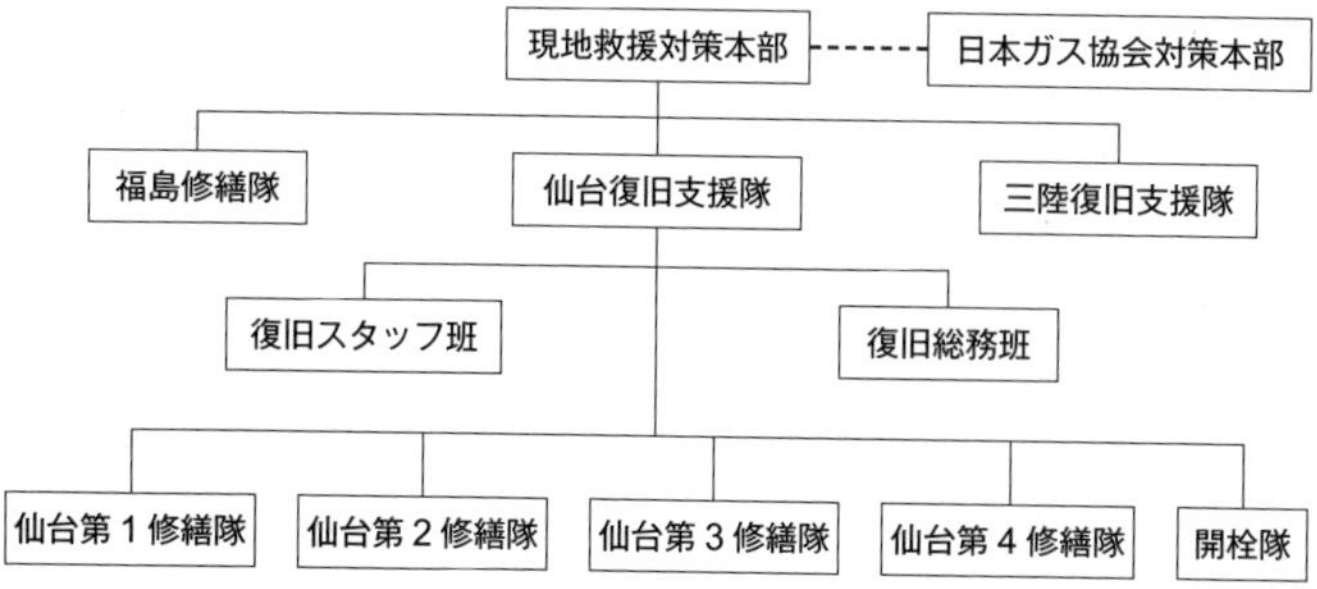

図３　日本ガス協会復旧体制図

項目	内容
復旧ルールの策定	ガス管修理方法、報告書の記入様式等、仙台市ガス局と調整してルール策定
資機材の調査	仙台市ガス局で独自に使用している機工具や材料の確認と各ガス会社での手配
復旧計画の策定	東邦ガスが担当する復旧地域（約３万６千戸）の詳細な復旧計画の策定
作業マニュアルの作成	上記項目を網羅した復旧作業従事者用のマニュアル作成

表１　復旧応援隊受け入れのための準備事項

今回、復旧作業ルールの策定に大変有効であったのは、新潟県中越沖地震で当社が復旧応援した際の経験を綴った「東邦ガス新潟県中越沖地震復旧記録」と冒頭で述べたＪＧＡで作成中の「復旧作業ノウハウ集」であった。新潟県中越沖地震の際には、入社二年目の私自身も復旧応援隊として柏崎市で復旧作業にあたったが、スタッフ全員が手探りでの出発であり、想像力を懸命に働かせて、必要な項目を順に書き出し、そして現場の人と毎日夜遅くまで議論し、その都度作業ルールを修正しながら進めていた。

今回はそのときの経験が十分に活かされ、それらの資料をめくりながら、被災事業者との確認事項をもれなく洗いだすことができた。また、通常時の工事で必要な道路使用許可申請等の手続きをできるだけ簡素化したり、道路を掘削した土砂をそのまま埋め戻す方法を認めるなど、早期復旧に有効な方法について仙台市ガス局と調整して事前にルール化した。また、復旧作業方法だけでなく、災害復旧車両専用のガソリンスタンドの位置や廃棄物の処理方法などの細かいルールについても、各事業者の復旧スタッフが協力して一つずつ効率よく進めることができた。

ガス管の埋設位置図やお客さまデータについては、事前に電子データで東邦ガス本社に送付した。これにより、まだ出発前の復旧隊の復旧計画班が事前に詳細な計画を作成することが可能となった。また、並行して、現地スタッフが必要な情報を調査・入手し、その都度本社に報告を行った。

写真3　東邦ガス復旧応援隊の決起式
撮影日　2011年3月25日
撮影地　宮城県仙台市

そしていよいよ、三月二五日の東邦ガス復旧応援隊の決起式を迎えた。マニュアルはぎりぎりまで作成、印刷に追われたものの、なんとか間に合わせることができた。快晴の寒空の下、約二百五十名が東邦ガス前進基地に集結し、復旧応援隊決起式が行われた。続いて、つい数時間前に完成したばかりの復旧作業マニュアルの説明が行われ、それをもって私の現地での活動は終了した。遠路はるばる仙台に集まり、奮起し、意気揚揚とした面持ちの仲間たちが揃い、さあ始まるんだという熱い思いがひしひしと伝わり、ここまでの我々のがんばりがしっかりと実を結ぶことを確信した。これから復旧作業にあたる仲間たちと握手を交わしながら「あとはよろしくお願いします」と声をかけ、私は翌日名古屋へ戻った（写真3）。

帰社後は、本社の復旧支援本部に詰め、引き続き復旧作業のバックアップに精を出した。復旧支援本部は、復旧応援者の追加や交替の調整、必要資機材の手配・配送、現地への出発前の説明会実施など、復旧活動を支援するために本社に設置されたものである。当初約二百五十名体制であった東邦ガス復旧隊は、復旧期間を当初予定の一か月から三週間に前倒ししたこともあり、最終的には約四百十名体制まで拡大され、四月一四日に無事復旧が完了した。

二　後方支援、前進基地設営スタッフ（小林）

三月一一日、私は当社の防災対策をお客さまに説明するため、本社西館三階の「災害対策本部」にいた。午後二時四六分、地震発生。「ついに東海地震が発生したか」これが第一印象だ。この建物は「免震構造で倒壊の心配はない」と頭では理解していたが、体験したことのない大きく、長い揺れに恐怖を感じた。

大型モニターに映し出される地震情報。まず、当社供給区域の最大震度を確認した。社内規定で、供給区域内の最大震度が五強以上だと災害対策本部を立ち上げることになっているためだ。結果は、最大震度四。揺れがおさまると各部門で情報収集や安否確認を開始した。数時間が経過し、設備にも社員にも被害がないことが確認された。

時間の経過とともに東北地方でのガス供給停止の情報が徐々に入ってきた。当社からの復旧応援派遣が予想されるため、準備のためのスタッフを三月一四日に仙台へ派遣することが決定された。供給部門から三人、一般管理部門から私一人が選ばれた。

私のミッションは、ほかの三人とは異なり、「後方支援体制の確立」と「前進基地の設営」である。出発までの二日間、現地までの車中、そして現地に着いてからも、何度も不安で押しつぶされそうになった。

今思い返すと、この不安を打ち破ったのは、現職になり十年間、防災業務一筋に携わり、こつこつと積み上げ策定してきた「後方支援マニュアル」であり、新潟県中越沖地震での復旧応援をはじめとした数多い災害対応の経験であった。しかし、それ以上に一番の元気の源になったのは、出発前に二人の子どもからもらった拙い文字で書かれた「パパお仕事がんばって！」の手紙と笑顔で支えてくれる妻だった。

前進基地の選定

私を含めた各社の後方支援を行う総務隊は、生活物資の荷卸や弁当の仕分けといった業務を終えると、復旧作業の開始に備えて活動の拠点となる前進基地候補地の確認に走り回った。連日の余震による睡眠不足に加え、雪のちらつく寒い中、各社の復旧地区(分担)もまだ決まっていないままに、自分たちの会社が受け持ったときのことをイメージし、駐車スペース、建物、ユーティリティー、周辺道路などを調査した。

ある施設を見たときのこと。そこは広大な敷地に加え、アスファルトで舗装された数百台分の駐車スペースもあり、体育館ほか多くの建物を備えていた。前進基地にうってつけの条件が揃っていたが、施設の管理人の方と話をすると、「ここの体育館は遺体安置所になっています。つい数日前までは、元気な声がこだましていた場所が、悲しみの対面場所となってしまいました」といわれた。私は四十一年間生きてきた中で感じたことのない、なんともいえない気持ちになったことを記憶している。この日は、それ以降、みんなの口数が少なくなっていた。

それから数日が経過し、供給源が確保され、復旧方法が決まり、各社の担当地区が決定した。東邦ガスの担当地区は仙台市太白区の「S―1ブロック」と名づけられた約三万六千戸である。

これまでの準備で、前進基地の候補地は二つあった。一つは復旧地区から時間はかかるが、既設の建物があり、すぐに使用できる場所。もう一つは担当地区内にある建物もトイレも何もない広大な更地。私は迷うことなく後者を選択した。その一番の理由は、なんといっても当社の担当地区内にあるため、作業現場への移動時間が少なく、休みなく働き続ける作業者への負担を減らすことができるからである。なお、作業者の宿泊地は仙台市から遠く離れた鳴子温泉や蔵王温泉などであり、毎日大型バスで片道一～一・五時間かかっていた。もう一つの理由は、東邦ガスは地震で被災した場合に備えて、復旧応援隊の規模に応じた前進基地の必要面積やレイアウト図を整備してきており、今回の候補地が問題なく利用できるとすぐに判断できたからである。

資機材手配、設営

次に必要資材（プレハブハウス、テント、仮設トイレなど）の算定等の準備作業を進めた。当初は現地にて資材を調達する予定であったが、三月二一日の昼ごろ、私の携帯電話が鳴り、調達が難しくなったとの連絡を受けた。用地は確保できたが、設備がなければ、前進基地はできない。東邦ガス復旧隊の仙台入りは三月二四日とすでに決まっていた。

冷静に対応しなければとの思いとは裏腹に、そのときの電話のやりとりの口調が相当激し

写真４　復旧隊の拠点となったプレハブハウス
撮影日　2011 年 3 月 24 日
撮影地　宮城県仙台市

かったらしく、「あのときは怖かったよ」と後で他社の総務隊員にいわれてしまった。自分では「ＳＤＳ（修羅場、土壇場、正念場）」をつんで、有事の対応は万全と思っていたのに、恥ずかしい限りである。

残された方法は愛知県で調達して運搬・設置するしかない。当社は阪神大震災の翌年（一九九六年）に、大手建設業数社と大規模災害が発生した場合の「災害時の協力協定」を締結しているが、今回のような復旧応援での基地設営は初めてのケースである。

すぐに建設業数社に連絡を入れるよう手配した。数時間後、建設業担当者から「未曾有の大災害。プレハブメーカーは国に押さえられているところが多く、確保できない。工事用の仮設ハウス業者への手配となりそうだ」と連絡が入った。なんとも心許ない状況。さらに一時間が経過した一八時に私の携帯電話が再び鳴った。確保を依頼していた三社のうち一社より連絡が入り、一定数量のプレハブハウス、テント、仮設トイレなどが確保できたとのこと。安堵感から体中の力が抜け、座りこんでしまった。時間にして五～六時間ほどのやり取りであったが、精神的に相当疲れたのか、その日の夜だけは、余震があっても目が覚めなかった。

翌日の三月二二日、別の一社からも連絡が入り、基地設営に必要な設備を確保できた。三月二四日、確保された資機材の一部が仙台に到着。復旧隊の到着には少し間に合わなかったが、翌日の二五日にはすべての建物が完成された。これで当社の復旧拠点は整い、自身のミッションは達成された。以降も復旧隊の増員に伴い、プレハブハウスを追加し、最終的には一八棟となった（写真4）。

今回は、阪神淡路大震災や新潟県中越沖地震での現地の経験や、これまでの準備が本当に活きた。当社では、災害時に前進基地がすぐに設置できるよう、さまざまなパターンの基地図面を作成しており、その一つを参考に必要数量や配置場所を決定した。

また、二〇一〇年の防災訓練では、本社構内において実際にプレハブやトイレを設営し、PC環境を整え、必要資機材や非常用発電機の容量なども検証していた。訓練を実施する際には、「平常時にそんなもの（前進基地）をつくって何になるのか。うまくできてあたりまえだ」と理解されず相当批判を受けたが、信念を持って実施したことが今回の成功につながったのかも知れない。

三月二六日、基地が完成した翌日に、引き継ぎ業務を終え、名古屋に戻った。帰社後は現地への物資の調達を担当し、食料や飲料などを現地に送り続けた。そして四月一九日、基地の撤収作業のため、再び仙台の地を訪れた。大雨の中の撤収作業であったが、復旧活動を全うした満足感で、苦痛ではなかった。

三　総括（古田）

東日本大震災は、これまでの地震対策の考え方を一変すべき事象であった。現在、内閣府では、近い将来の発生が確実視されている東海・東南海・南海地震での地震動や津波想定の見直しが進められている。東邦ガスにおいても、東日本大震災で得られた知見、教訓、および今後見直しされる想定を踏まえて地震防災対策の見直しを進めている。

ハード面での対策としては、まず第一に、見直し後の地震動、津波想定に対してもライフラインとしての社会機能を維持するため、ガス設備、建物等への耐震対策および津波対策を強化することである。また、事業継続のための自家発電設備の増強、非常時通信手段の冗長化等、電気、通信、燃料の確保対策も実施していく必要がある。

ソフト面での対策では、今回の貴重な復旧経験を社員の記憶ではなく、復旧作業ルール、復旧組織体制、教育制度等の仕組みとして整備し、必ず発生する大規模地震に全社員が万全の体制で備えることである。

災害に対してライフラインの被害を最小限に抑え、かつ、早期復旧することは、ライフラインを担う会社の使命であり、地域の生活や経済の早期復旧復興に欠かせないものである。地震に強い東邦ガスの実現は地震に強い地域社会の実現につながる、との決意をもって今後も取り組んでいきたい。

ガスの復旧は多くの要員と手間がかかる作業であるが、ガスの性質上、専門知識を持った者しか作業できない。しかし、住民の方々のご理解とご協力があってこそ、スムーズに作業を進めることができる。とりわけ住民の方々にお願いしたいのが、次の二点である。①地震後ガス臭い場合、ガスを絶対に使用せず、すぐにガス会社に連絡する。②震度五程度の地震では、地域的にはガスは止まらず、各戸に設置されたマイコンメーターの安全機能が作動してガスが止まるので、簡単にできるマイコンメーターの復帰操作をお客様自身が行う。

最後に、今回被災され、困難な生活を続けられている方々が元の生活を取り戻せますよう、一日も早い被災地の復興を心よりお祈り申し上げます。

災害に強いまちづくりを目指して

山田厚志

一　世界が変わった

あの日以来、世界は確実に変わった。

突如現出した被災地の荒涼たる風景、福島の人びとを襲った理不尽な事態、露わになった技術立国の脆弱さ……東日本大震災以降のそれらの変化が、私たち一人ひとりのまなざしを通して心の内なる世界の景色も変えた。

もう私たちは3・11以前の私たちではあり得ない。長く忘れていた「利用する自然」と「愛でる自然」以外にも「恐れる自然」があったことを、誰もが思い出した。

かの地を襲った自然災害とその後の原発事故は、この国に住むすべての人が遭遇する可能性のある悲劇であり、その意味で、私たちは遠く被災地に思いを寄せるだけではなく、自らの地の備えに教訓として活かすべきことを痛感した。

こうして東日本大震災は胸に痛みを伴う大災害の記憶を残し、心の中の自然感に変化を与えた。そして改めてそれぞれの防災・減災の取り組みを人びとにうながした。

もちろん私も例外ではない。

二　あの日の記憶

韓国釜山のホテルの一室でテレビをつけると、いきなりリアルタイムのNHK－BS放送が流れ出した。おそらく日本人宿泊客向けのサービスなのだろう。いつもなら旅装を解きながら見るそれは、少し高揚した旅行者の気持ちを和らげる効果があるはずだ。

ところが私が見た画面には、今まさに東北の漁港に大津波が押し寄せる瞬間が映し出されていた。和らぐどころか、全身は硬直し、視線は画面に釘づけになった。

私の「3・11」とその後の内なる世界の変化は、この瞬間から始まった。

あの日、私は休暇を取って初めての釜山を訪れた初日だった。それから三日間、韓国でも流れ続けていた衝撃的な報道を数々見た私は、帰国前に一つの象徴的な体験をした。

空港までのわずかな車中で、ガイド役の現地の女性からこういわれたのだ。「これからお国に帰ると、山田さんもお仕事柄大変ですね。どうぞ頑張って災害と闘ってください」

その真剣なまなざしに対して、私は「起きてしまったことは仕方がないねぇ」と努めて平静を装って応えた。すると、思いがけぬ強い口調で「仕方がないなんていってはいけない、闘わなくては」と諭されたのだ。

「災害と闘う」――都市インフラにかかわる建設業に身を置きながら、ついぞ忘れていた言葉だった。過去にも身近に災害は発生し、その都度、復旧活動に当たってきたが、それを「闘ってきた」といっては大げさな気がする。自然は時として猛威をふるうが、おとなしくやり過ごして、去った後に局所的な補修修繕をする繰り返しだった。

「自然は私たち人間の手の内にある」という技術至上主義の過信がいつしか私にも及んでいたからこそ、「仕方がない」といった言葉を口にしてしまったのだろう。韓国の女性の激励と叱責が、今から国に帰って自然災害に立ち向かう私の姿勢をリセットしてくれた気がする。

三　建設業者としての三つの行動

支援金募金

地元の名古屋でも震度四を記録したという大震災を、偶然とはいえ「無痛」のままやり過ごす結果となってしまったことは、今日に至るまで私を意味もなく恥じ入るような気分にさせる。だからこそ自分にできる支援や備えはしっかりとしたいとも思うようになった。韓国で「3・11」を迎えた私は、帰国した翌週からさっそく社内で支援金活動を開始した。募金箱を自らつくって、こう書いた紙を貼った。

「東日本大震災は他人事ではありません。今回、難を逃れた私たちは、この機会に家庭と会社の災害への備えを再点検し、あわせて被災地の復興支援のために募金を送りましょう」

あの大災害をたんに憐みの対象にしてはいけない。自らの備えのきっかけにしようという呼びかけとともに、「義援金」ではなく「支援金」を集めようと考えたのだ。両者の違いについては諸説あろうが、私の解釈は「義援金は公的機関から公平・平等に配布されるもの。支援金は特定の地域・団体等へ差し上げるもの」である。当初から特定非営利活動法人レスキューストックヤードの活動支援として活用することを明確に打ち出し、社内で支援金募金を呼びかけた（レスキューストックヤードの活動については松田曜子「災害を乗り越える──ボランティアを通して──」を参照されたい）。

同様に、私が会長を務める社団法人名古屋建設業協会（以下、名建協）でも百八十社ほどの全会員を対象に、レスキューストックヤードの活動支援のための募金を開始した。

私や名建協にとってレスキューストックヤードは特別な意味を持つNPO団体である。まず同団体の代表である栗田暢之氏と私とは旧知の仲であり、出会いは互いの前職時代に遡る。栗田氏はある大学の教務職員、私は教育系大学の大学院を出たての実習助手としてその大学に出入りしていたのだ。

その後、私は実習助手を辞して妻の実家の家業である建設会社に入社したが、社長就任後の二〇〇二年に思うところあって栗田氏と再会した。そのいきさつについては後述するが、彼が心おきなく活躍できる環境づくりにいささかでも寄与することが、自社と建設業界を元気にすることにもつながると私は確信している。そして、彼なら支援金を託しても間違いなく被災地の人びとのために有効に活用するだろうという信頼感もゆるぎなかった。だからこそ、支援金募金を即断できたのだが、普段からの交流や互いの実績によって認め合った信頼関係は、有事の際の迅速な判断や行動に大きく関係すると思う。

一方、名建協にとっては、レスキューストックヤードは大切な「店子さん」である。

二〇〇九年秋、彼らは協会の日当たりのよい二階の空き部屋へ入居した。以来、名建協は家賃収入を得ているのだ。協会は収支バランスの改善のために部屋を貸し、彼らは旧事務所より広くて立地条件のよい物件を手に入れた。両者が同居したことで、将来的に行政だけでなく広く市民レベルの防災・減災の取り組みが広がれば、まさに「ウィン・ウィン」の関係以上の成果が期待できるはずだ。

被災地復旧活動

自社が被災地とつながる機会は、思った以上に早く訪れた。所属する社団法人愛知県建設業協会より、三月二三日から一週間の職員派遣要請があったのだ。同協会が国土交通省中部地方整備局長とのあいだで結ぶ災害復旧協定に基づく出動要請であり、協会全体としては最終的に十次にわたり三十三社百十三名を派遣した。

当社の具体的な活動は、東松山市内の津波冠水地域での排水作業である。工事部長を隊長とする社員四名が、要請から出発までのわずかな時間にワンボックスの社用車に布団・鍋・釜・自炊道具・食材・水・防寒着・雨具そのほか考えられる装備品一式をぎっしりと詰めこんで、三月二二日午後、不安を胸に現地に向かって出発していった。送り出す私たちも漠たる不安を感じながら彼らを見送った。なにしろ大震災発生からわずか十日あまり、

写真１　いち早く被災地に駆け付け、排水作業に従事
撮影者　岡崎利泰（山田組）
撮影日　2011 年 3 月 28 日
撮影地　宮城県東松山市内

しかも八百キロメートル以上遠方の災害現場への職員派遣である。
現地での復旧作業は、国土交通省中部地方整備局庄内川河川事務所所有の排水ポンプ車を使った昼夜交代による二十四時間体制の排水作業で、最終的には東京ドーム約一・九杯分に当たる約二百四十万トン以上を排水した。文字どおり寝食を忘れて作業に没頭した当社職員は、自分たちの成した復旧成果を知ることなく三月二九日に全員無事帰社してきた。

四月に入ると、今度は名古屋市上下水道局から被災地復旧支援の要請が届いた。

宮城県の石巻地方広域水道企業団から名古屋市上下水道局に水道管の漏水修理の応援要請があり、私たち名建協の会員会社に派遣が打診されたのだ。結果として、協会の技術委員会が選抜した六社が二社ずつ三班にわかれて現地へと赴いたが、当社は第二班の一社として加わり、職員七名を派遣した。

先の国土交通省の排水復旧活動が定点に腰を据えた「静」的活動とすれば、水道の復旧活動は修理箇所を巡る「動」的活動である。機動力が要求される復旧活動ではあるが、被災地では移動に困難をきたし、活動は思うように進ちょくしない。ライフラインの要（かなめ）ともいえる上水道の一刻も早い通水を願いながら、彼らは困難に立ち向かった。復旧の現場の様子を一行の一人は、こう語っている。

「時折襲ってくる余震や原発事故の動向など、絶えず緊張状態を強いられる一週間でした。でも被災されたみなさんのことを想うと、一刻も早く復旧しなければと奮い立ちました。ところが毎朝現場に向かうにも停電で信号は作動していないし、道路は段差が多くて渋滞が慢性化し、液状化でマンホールも隆起して通行に支障が生じていました。ようやく到着した現場では、今度は地盤沈下による冠水との闘いでした。水中ポンプを数台設置して排水しながら作業するのですが、思うように進まないので申し訳ない気持ちでした……」そして彼らの葛藤が伝わってくる談話の最後は、こう結ばれた。

写真２　困難をきわめた水道管の漏水修理作業
撮影者　小関浩平（山田組）
撮影日　2011 年 4 月 7 日
撮影地　宮城県石巻市内

「毎日の作業の前には潮の干満で運ばれてきた

がれきやごみを必死に片づけました。周辺ではボランティア活動も目にしましたので、待機時間にでも参加できたらもっと役に立てたと思います」

ボランティア活動

被災地でのボランティア活動――私の会社の社員以外にも複数の建設人から「現地で派遣業務以外の活動にも参加すれば、もっと貢献できるはず」との声を聞いた。

確かに前述のポンプを使った排水作業でも、その気になれば監視要員を残してほかの人はがれき撤去などの作業に参加できそうだ。しかし、現状では派遣業務に専念することが彼らには求められているのだ。官の要請で被災地に出向いた者と自らの意思でやってくるボランティア、その両者をつなぐ仕組みが生まれない限り、被災の現場で建設会社が供出した経営資源、人材や重機やさまざまな技量は限定的にしか活かすことができない。それが、現実なのである。

「いざというとき、私たち建設人はもっと役立ちたい」――そうした切なる想いは被災地に派遣された彼らだけのものではない。同じように「役立つ」ことを熱望した私と仲間たちが、四月二二日金曜日の午後、名建協の前に集まった。十三人の地元建設人と取材に同行した大手新聞社論説委員の合計十四人が、マイクロバスとダンプトラックに分乗して東北へと向かおうということになったのだ。

発端は、名建協に同居する前出のレスキューストックヤードだった。「支援金以外にも被災地で少しでも役立ちたい」という私の要望を受け、彼らは長期支援に入った宮城県七ヶ浜町のボランティアセンターを紹介してくれたのだ。こうして発注者である行政からの要請ではなく、建設業者が自発的に重機を持ちこんで現地に駆けつける初のケースが生まれた。

何でもないことのようだが、おそらく全国的にも珍しい事例だと思う。私たち建設業界は、長年にわたってもっぱら行政の要請による災害復旧に従事してきた。ある意味で、災害復旧作業は仕事の延長上にあるというのが、この業界の常識なのだ。従って復旧作業の領域は「公共空間」のみだ。当社職員が被災地派遣中に「民有地」を対象としたボランティア活動に参加したくても、業務遂行上、それは許されないのだ。

やや大げさにいえば、私と仲間たちはこの業界の常識を破った。仕事上の理由ではなく、被災された人のためにいささかでも働きたいと、見知ら

写真3　重機を持ち込み、強みを生かしたボランティア活動
撮影日　2011年4月23日
撮影地　宮城県七ヶ浜町内

ぬ被災地へと向かったのだ。

現地に向かう二十九人乗りのマイクロバスの車内後部は、現地から求められた一輪車（被災地の一輪車は作業中に釘を踏み抜いて、ことごとくパンクしてしまったとのこと）やスコップ類のほか大鍋、布団、三百足あまりの靴下などの物資で満杯であった。前半分にすし詰め状態で乗りこんだ私たちは、名古屋から日本海側に出て新潟から福島を横断して北上する延々十四時間の道中を耐えた。荷台に重機一台を積んで追走してきたダンプトラックの乗員も大変だったと思う。

目的地である七ヶ浜町の生涯学習センターに隣接するボランティアセンターに到着したのは翌二三日土曜日の午前五時過ぎだった。薄曇りのこの日の朝、町の避難所の一つになっている生涯学習センターから一人、二人と朝の散歩に出かける情景は不思議にのどかな印象だったが、センター前の駐車場は満車状態。おそらく多くの被災家族が不自由な生活を強いられているのだろう。そう思うと、少し緊張感が走った。

とはいえ小高い丘の上のこの施設には、大災害のつめ跡はほとんど残っていなかった。

私は一人離れて風の吹いてくる方角に歩き始めた。道はすぐになくなってしまったが、木立の間の踏みならされた草地をしばらく歩くと、急に視界が広がった。見ると、そこは一面の地獄絵の世界だった。想像を絶する光景を前にして、私は思わず身震いをした。

おそらく田園地帯だった泥に埋もれた世界の中央に沈む家屋。飛び跳ねたように散り散りに横転した車。土手に打ち寄せられたテレビや家具類。まるで怪獣の仕業のような強烈な破壊場面の連続は、にわかには現実のこととは思えない。この悪夢を人間の手でどう取り繕おうというのだ……そんな無力感も襲ってきて、まずは一旦、今来た道を引き返して仲間たちと合流した。

ボランティアセンターでは、ちょうどこの日の活動が始まろうとしていた。続々と集まってくるボランティアの人たち。そろいのベストや軍手、長靴などを身につけて朝礼が始まった。以前から活動している人には今日の作業内容が伝えられ、初めて訪れた人にはマッチングと呼ばれる作業の割り当てが待っていた。私たち十四人は過分な紹介と盛大な拍手で迎えられた後、町役場の人と地元の建設業者から「沿岸地区のがれき撤去作業」が活動内容だと伝えられた。果たしてこの拍手に応えるだけの活躍ができるのか……仲間を見渡すと、誰もが神妙な顔つきをしていた。

活動場所に向かうマイクロバスから見える光景は、廃墟の街そのものだった。目的地の手前に「立ち入り禁止・警察巡視地区」の表示があった。一歩足を踏み入れると、そこには一瞬にして津波に飲みこまれたまま時間が止まった空間が広がっていた。

気がつくと、小雨が降り始めていた。どこからかやってきた乗用車が近くに停まって、降りてきた男性が傘を手にがれきの前にたたずんだ。遠慮がちに尋ねると、家族の写真を探しているとのこと。そして「なにもかも津波に持っていかれた。生きているのが不思議なくらいだ」と、ひとり言のようにつぶやいた。私は、もうそれ以上なにも尋ねることができなかった。

この日の夕刻までと翌二四日日曜日の昼過ぎまで、私たちは黙々と作業に没頭した。当初見たときには無力感を感じさせるほど大きかったがれきの山は、私たちの活動を物語るように目に見えて低くなっていた。小さな重機が被災地でこれほどまでに活躍するとは思わなかったし、チェーンソーも実に重宝した。被災地で道路や河川など公共空間は建設業者が、民有地やそこに建つ住宅はボランティアの人たちが担当するという垣根を取り去ると、復旧作業は随分はかどると率直に感じた二日間だった。私たち建設業者の技量と戦力が確かに役立つことがわかった高揚感は、帰路の長旅の疲れを消し去ってくれた。

名古屋に帰り着いたとき、時計の針は二五日月曜日の午前三時を指していた。

四　今、都市の災害への備えは

遠く東北の地から帰ってきて、改めて私の生まれ故郷である名古屋の災害の備えについて考えてみた。かつて阪神大震災のとき、関西人が東京に出かけると、目の前の風景が大震災発生と同時にどこからどのように崩れるかが鮮明に想像できて、強い恐怖感を味わったという。私も同様に、七ヶ浜のあの過酷な光景が目に焼きついて、高い確率でこの地を襲うと予測される東海・東南海地震後の惨劇の幻想に悩まされるようになった。東日本大震災で失われた尊い命を無駄にしないよう、これから先、私たちは速やかに、そして一つでも多くの防災・減災の手立てを打たなければならない。

しかし、名古屋のような大都市では、あの大震災に襲われた東北とは違う多くの防災上の課題もすでに指摘されている。この地で建設業を営む人間の視点から、大都市固有の課題・問題点を以下に挙げていこう。

名古屋市での備えの実像

公共事業を主たる生業とする建設業者の多くは、あらかじめ発注者である国・県・市町村そしてエネルギー会社などから「災害時の出動可能体制」の届け出を求められている。被災現場に派遣できる技術職員数だけでなく、重機・車両や道路陥没を埋め戻す資材、河川堤防を補強する大型土のう袋の数量など、発注者から想定する復旧作業に応じた設問内容の調書が各社に届く。取引先が複数の機関にわたる建設業者はそれぞれの発注者に回答書を提出するが、仮に各発注者に割り当てる数量を少しずつ過大に申告したとしても心情的には責められまい。しかし、このささやかな過大申告が全体の災害対策に与える影響は看過できないものがある。その実態が露わになるのは、まさに災害が発生して各発注機関から個別に出動要請がかかってからだ。

一方、自治体など公共の出動可能体制については、実態数は把握されているが、その数の持つ意味が必ずしも市民に実感として伝わっていない問題がある。たとえば名古屋全市で保有する救急車の数はわずか四十台ほどである。消防車両は百七十台あまり、消防防災ヘリコプターは二機である。これで全人口二百二十万人あまりの万一の事態に備えているのだ。ひとたび大震災が発生すれば各所で甚大な被害発生が予測され、この実数の「公助」では手が回らないことは容易に想像できる。しかし、それを認識している市民はどれだけいるだろうか？

この際、関係各機関が正直に自らの災害時の実力について胸襟を開いて語り合う「協働の場」も必要だろう。今、市民が知りたいのは「公助」の真の実力のはずである。すべての備えは、その冷徹な認識から始めるべきである。

低下する自助力こそ問題

行政と同様に名古屋市内のコミュニティもまた防災上の問題を数多く抱えている。私たちがボランティアに訪れた宮城県の七ヶ浜では、「近隣の人に津波から助けられた」「とっさの避難に通りがかりの車が同乗させてくれた」といった地域の絆を感じさせる体験談を何人かから聞いた。ひるがえって、果たして名古屋の街ではどうだろうかと想像すると、いささか心寒いものを感じる。

核家族化や独居高齢者世帯の増加などは、かつて家族単位の多様な交流によって複数の系でつながっていたインフォーマルな地域の絆を希薄化させた。また、活力ある都市につきものの居住者の流動化や昼夜人口の大きな格差も、防災対策の前提となる「都市の実像」の把握を困難にし、「公助」以外の防災力を弱めている。

都市において地域の絆の希薄化が進む背景には、「公意識」とか「公空間」といった「公」なるものの喪失という現代特有の現象がある。つまり、「わが街のこと」を自分たちで担うという気概や責任感を持つ人が減ってきたということだ。自宅から一歩外に出れば、そこは官の責任において維持・整備されるべき空間、自分には管轄外の空間だと無意識のうちに区分する都会人は確実に増えている。

こうして地域住民の応分の負担によって形成されてきた「公空間」が減れば減るほど、「官による維持・整備空間」が増える。それはそのまま行政コストの増大へとつながり、防災面では地域が有する「共助」力の低下となる。「共助」力の低下の底辺には、それを支える一人ひとりの「自助」力の低下というさらに大きな問題が横たわっている。皮肉にも、私たち建設業界は「都市の安心・安全・快適」を標榜する公共事業の推進を通じて、この「自助」力の低下に加担してきた。災害に強い都市づくりは、結果として私自身の「災害と闘う」という意識をも薄れさせた。

目の当たりに見た東日本大震災の被災状況は、私たちができる自然災害への土木的な備えの限界を残酷なまでに露わに示していた。多くの犠牲者を出したあの大災害にもしも価値を見出すなら、それは人びとの心の中によみがえった自然への畏怖の念と科学技術絶対信仰を懐疑する起点という記念碑的な意味のみだろう。

五　おわりに——防災の担い手としての都市建設業者

「今年も楽しく防災・減災の知恵を学びましょう」——大震災から八か月あまりを経た二〇一一年一一月二〇日日曜日の朝、地元ラジオ局の女性アナウンサーの第一声で七年目の「供米田《くまいでん》中学校区地域防災大会」は始まった。地域の人たちとともに私の会社が二〇〇五年から地元の中学校を借りて企画・開催してきた手づくりの防災・減災学習の場だ。

従来、建設業界の災害に関わる貢献は、「防災対策としての公共事業の担い手」という本業の延長線にある、いわば「付帯サービス」であった。ひとたび災害が発生すれば、発注者の要請で被災現場へと駆けつけ、被災地での活動は発注者との間で後日出来高の精算を行う仕事の延長上の作業に限定されてきた。

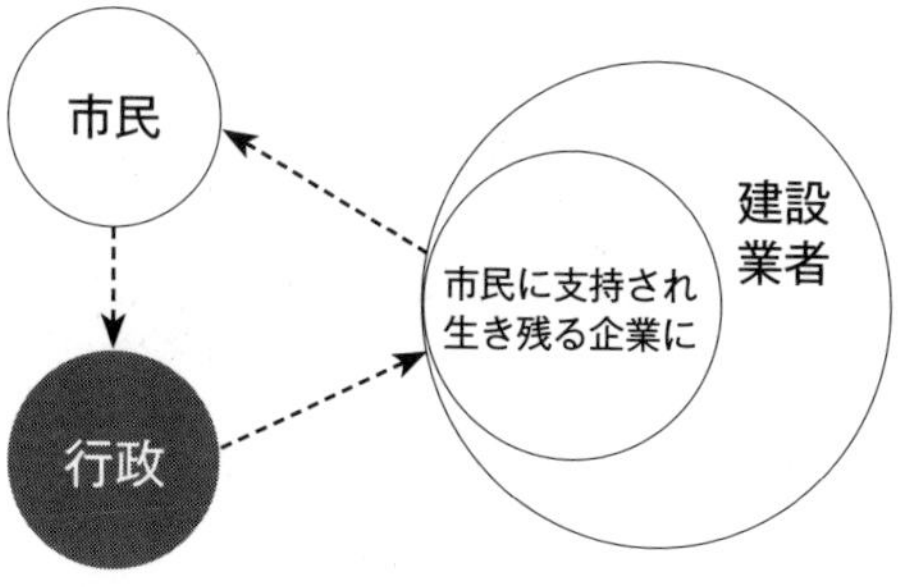

図１　本業を確かなものにする防災・減災貢献

しかし、私たちの直接の発注者は行政であるが、その先には公共事業の受益者であり納税者である市民がいるはずだ。いわば真の顧客は市民なのである。そもそも地域の土木事業とは、その土地のさまざまな立場の人たちがカネ・ヒト・モノを持ち寄って行う「普請仕事」であった。それがいつしか公共事業に姿を変え、行政と私たち建設業者間の閉じられた経済活動となり、それによって市民との交流が途切れてしまった。このままの状態が続けば、地域に根ざす建設業者はその働きぶりを市民から認められなくなり、不要の存在になりかねない……そんな危機感から、私は会社の代表に就任した翌年の二〇〇二年、建設業者が地域か

写真４　地域防災大会で日頃の土のう積みの腕を披露する山田組社員たち
撮影日　2009年10月25日
撮影地　愛知県名古屋市中川区・供米田中学校

ら評価され必要とされる手立てとして防災・減災貢献活動ができないかと考え、前出のレスキューストックヤードの栗田氏に相談した。そしてスタートしたのが、供米田《くまいでん》中学校区地域防災大会開催である。私たちが仕事の延長上ではない災害貢献の取り組みに着手するきっかけをつくってくれた栗田氏の存在はとても大きい。この再会を出発点として、私と会社の仲間たちは建設業が再び地域とともに歩む道を選択したのだから。

防災大会のステージでは、宮城県七ヶ浜から招いた二人の被災者が「地域でこうした活動を続けるみなさん、いざというときにきっとこの経験が役立ちますよ」と、三百名あまりの参加者に語りかけた。会場に集まった顔ぶれは、さまざまな世代の地元の人たちをはじめ、行政や災害ボランティア団体、地元のホームセンター、そして報道機関と、にぎやかだ。こうして地域の絆が再生していく姿が、私はただ嬉しかった。そして、絆が再生した分だけ、この地域の防災・減災力は確実に向上してきた実感もある。長年、災害に備える公共事業にのみ携わってきた私は、レスキューストックヤードとの出会いによって、仕事以外での防災貢献の道を切り開くことができたが、心のどこかで、人為による自然制御を夢見ていた。しかし、東日本大震災のあの日以来、地域に根ざす建設業が果たす防災の役割は、私の中で確実に変わった。

もう、私たち建設業者は良質な社会資本整備のつくり手であるだけではない。私たちがハード面でつくりあげた備えは、建設業者としての経験や力量などのソフトを地域に提供することで、より効果を発揮するはずだ。

そうした防災・減災貢献によって、私たち建設業界は市民から改めて評価され、支持を獲得し、そのことによって自らのビジネスを不断に強化する……そうすれば、地域の備えにさらに一層、貢献できるはずだ。

こうして今、私の内なる世界で、「真に災害に強いまち」がその姿を確かに現しはじめたのである。

謝辞

本書は財団法人 本庄国際奨学財団による寛大なご支援（二〇一一年度若手研究者養成研究助成）をいただき、出版が可能となった。事務局の方々には、構想の段階から相談にのっていただいた。

また、調査費の一部は名古屋市立大学附属経済研究所プロジェクト研究補助金を使用した。本書の発刊にあたり、ご協力下さった各位に改めて感謝しており、この場を借りて厚く御礼申し上げる。

香坂 玲

執筆者一覧

香坂　玲（こうさか・りょう）

静岡県生まれ。金沢大学大学院人間社会環境研究科准教授（地域創造学専攻）。東京大学農学部卒業。ハンガリーの中東欧地域環境センター勤務後、英国で修士、ドイツ・フライブルク大学の環境森林学部で博士号取得。二〇〇六年からのカナダ・モントリオールの国連環境計画生物多様性条約事務局での勤務後、二〇一二年三月まで名古屋市立大学の准教授として教鞭をとりながら、二〇〇八～二〇一〇度までCOP10支援実行委員会アドバイザーとしても活動。国連大学高等研究所の客員研究員として里山の評価などにも参画。近著に『森林カメラ』（アサヒビール・清水弘文堂書房）、『生物多様性と私たち』（岩波ジュニア新書）などがある。

松田曜子（まつだ・ようこ）

二〇〇七年京都大学大学院工学研究科博士後期課程修了。工学博士。二〇〇七年よりNPO法人レスキューストックヤード事務局、二〇〇九年より事務局長。能登半島地震・新潟県中越沖地震・東日本大震災等の被災地支援に携わる。また地域での災害対策を中心に活動を行っている。二〇一二年四月より同理事、関西学院大学特任准教授。

半藤逸樹（はんどう・いつき）

一九七四年静岡県生まれ。総合地球環境学研究所未来設計イニシアティブ特任准教授。東京水産大学水産学部卒、英国イースト・アングリア大学大学院環境科学研究科博士課程修了（Ph.D. 取得）。専門は地球システム科学、環境数理解析学。英国と欧州連合出資の気候研究プロジェクトに参加後、文理融合研究に携わる。現在は、分野横断的数理モデリングを駆使して「統合知」と総合地球環境学の構築のための諸概念を彫琢する傍ら、地球システムモデルとベイズ不確実性解析によって化学汚染（残留性有機汚染物質によるもの）を対象とした統合的リスク評価研究を行っている。

窪田順平（くぼた・じゅんぺい）

一九五七年長野県生まれ。総合地球環境学研究所准教授。一九八七年京都大学大学院農学研究科博士課程修了。農学博士。専門は水文学、砂防学。中国、中央アジアなど乾燥地域における開発がもたらす環境問題の研究を行う。東日本大震災後、防災の視点だけでなく、地域の復興を含めて災害リスクの問題に取り組んでいる。著書に『モノの越境と地球環境問題――グローバル化時代の知産知消』(編著、昭和堂)など。

関谷直也(せきや・なおや)
一九七五年新潟県新潟市生まれ。慶應義塾大学総合政策学部卒、東京大学大学院人文社会系研究科社会情報学専門分野博士課程単位取得退学。東京大学大学院情報学環助手などを経て、現在、東洋大学社会学部准教授。専門は災害情報・環境情報の社会心理。東京電力福島原子力発電所における事故調査・検証委員会政策・技術調査参事。主著に『風評被害――そのメカニズムを考える』(光文社新書)、『「災害」の社会心理』(KKベストセラーズ)。

竹中雅治(たけなか・まさはる)
一九六七年東京都江戸川区生まれ。電子部品メーカーに就職と同時に宮城県に居を移す。津軽出身の妻とともに自宅を建てる際にお世話になった登米町の方々の暖かさに惹かれ、二〇〇一年に登米町森林組合に転職、今に至る。森林セラピーガイド、森林組合監査士。

山田薫夫（やまだ・しげお）

一九七一年愛知県名古屋市生まれ。名古屋工業大学社会開発工学科卒業後、五年間の建設会社勤務を経て、一九九八年名古屋市役所入庁。道路建設課、名古屋高速道路公社、東山動植物園、健康福祉局（派遣時の所属）を経て、現在は総務局企画部企画課と緑政土木局河川部河川計画課の主査を兼務。

古田裕之（ふるた・ひろゆき）

一九六九年岐阜県岐阜市生まれ。名古屋大学大学院機械工学専攻修了後、一九九四年東邦ガス株式会社入社。現在、同社供給防災部供給センターに所属。

太田真立（おおた・まさたつ）

一九八〇年愛知県名古屋市生まれ。名古屋大学大学院マテリアル理工学専攻修了後、二〇〇六年東邦ガス株式会社入社。現在、同社供給管理部地震対策プロジェクトチームに所属。

小林勝則（こばやし・かつのり）

一九六九年大阪府八尾市生まれ。福井工業大学　建設工学専攻修了後、一九九二年年東邦ガス株式会社入社。現在、同社の総務部に所属し、東日本大震災以降に設立された「防災プロジェクト」兼務。防災士、あいち防災リーダー、ＢＣＡＯ事業継続初級管理者など防災に関する資格を有する。

山田厚志（やまだ・あつし）

一九五四年愛知県名古屋市生まれ。一九八〇年、愛知教育大学大学院芸術教育学修了後、翌年株式会社山田組入社。二〇〇一年、同社代表取締役就任。一九八八年に本業・講師活動と並行してデザイン・プランニングを業務とする株式会社ナックプランニング創業、現在に至る。社団法人名古屋建設業協会会長、名古屋学芸大学デザイン学科・名古屋大学大学院環境学研究科非常勤講師も務める。

www.shimizukobundo.com

地域のレジリアンス　大災害の記憶に学ぶ

発行　二〇一二年五月二八日

編者　香坂 玲

発行者　礒貝日月

発行所　株式会社清水弘文堂書房

住所　東京都目黒区大橋一-三-七-二〇七

電話番号　〇三-三七七〇-一九二二

FAX　〇三-六六八〇-八四六四

Eメール　mail@shimizukobundo.com

WEB　http://shimizukobundo.com/

印刷所　モリモト印刷株式会社

ISBN978-4-87950-606-1 C0050